光明社科文库
GUANGMING DAILY PRESS:
A SOCIAL SCIENCE SERIES
·教育与语言书系·

疑问代词类周遍性主语句研究

张 鑫 | 著

光明日报出版社

图书在版编目（CIP）数据

疑问代词类周遍性主语句研究 / 张鑫著. -- 北京：光明日报出版社，2025.1. -- ISBN 978-7-5194-8407-1

Ⅰ. H146.3

中国国家版本馆 CIP 数据核字第 20251JH924 号

疑问代词类周遍性主语句研究
YIWEN DAICILEI ZHOUBIANXING ZHUYUJU YANJIU

著　　者：张　鑫	
责任编辑：郭玫君	责任校对：房　蓉　乔宇佳
封面设计：中联华文	责任印制：曹　净

出版发行：光明日报出版社
地　　址：北京市西城区永安路 106 号，100050
电　　话：010-63169890（咨询），010-63131930（邮购）
传　　真：010-63131930
网　　址：http://book.gmw.cn
E － mail：gmrbcbs@ gmw.cn
法律顾问：北京市兰台律师事务所龚柳方律师

印　　刷：三河市华东印刷有限公司
装　　订：三河市华东印刷有限公司
本书如有破损、缺页、装订错误，请与本社联系调换，电话：010-63131930

开　　本：170mm×240mm	
字　　数：190 千字	印　张：16
版　　次：2025 年 1 月第 1 版	印　次：2025 年 1 月第 1 次印刷
书　　号：ISBN 978-7-5194-8407-1	

定　　价：95.00 元

版权所有　　翻印必究

序　言

张鑫博士的《疑问代词类周遍性主语句研究》一书即将付梓，作为他的老师，我很高兴在此之际，能为他的作品作序。

《疑问代词类周遍性主语句研究》是在他博士论文的基础上完成的，选题属于传统语言学中句法研究的范畴，研究对象为现代汉语中疑问代词类周遍性主语句。"任指"是疑问代词所具有最典型、最普遍的一种非疑问用法，任指性的疑问代词经常和副词"都""也"搭配使用，构成疑问代词类周遍句，其中，最典型的一种是疑问代词直接充当主语的类型，即陆俭明（1986）提出的"疑问代词类周遍性主语句"。

疑问代词一直是国内汉语语法研究的热点问题之一，围绕着疑问代词的意义、功能、用法等相关研究成果比较丰富，许多著名的学者都对疑问代词的问题作出过深入且全面的论述，比如，马建忠（1898）最早在《马氏文通》中单独设置"询问代字"一章，后续杨树达（1920）、黎锦熙（1924）、章士钊（1925）、王力（1943）、吕叔湘（1944）、高名凯（1948）、林祥楣（1958）、赵元任（1968）、朱德熙（1982）等学者都发表过重要的研究内容。尽管在疑问代词的分类、范围、标准等方面仍然存在着一些分歧，但是任指功能是比较明确能够达成共识的。基于此共识和丰富的研究成果，绝大多数的疑问代词类周遍句研究都遵循着以疑问代词为中心的思路来进行。但是，少数学者同样关注到该句式结构的整体性问题，比如，陆俭明（1986）就是从句式角度出发进行分类论述的；杉村博文（1992）指出疑问代词本身就具有"周遍性"的语义功能，很显然这是不正确的，因为句式具有的所谓"周遍性"是疑问代词和"也""都"共同表达出来的；段朝霞（1999）同样从句式的角度来解析周遍句；袁毓林、王明华（2011）从句法形式完整性的角度，强调疑问代词和副词共现的重要性。

张鑫《疑问代词类周遍性主语句研究》一书同样采取宏观性的系统研究视角，且具有以下三个特点：研究视角的整体性、研究的全面性、微观分类的创新性。此书以系统、科学的研究理论及方法，经过全面地分析和探讨，得出比较严谨且合理的研究结果，具有较高的理论学术价值和重要的现实意义。

一、研究视角的整体性

张鑫此书严格地按照整体性的研究视角，在句式系统性的大背景下，从宏观视角审视句法结构单位的意义、特性、用法等内容，把握结构体对于组件的限制要求，同时，不仅局限于对系统外部的考察，也立足于系统内部进行分析，探讨组件对于结构体的构成和影响。做到自上而下和自下而上相结合，不仅探讨了句式对组件的影响，运用构式等相关理论探讨整个句式的结构、意义、逻辑等内容，还探讨了句式谓语和疑问代词、副词之间的联系和对句式的组成关系，做到了研究的真实性和科学性。

二、研究的全面性

张鑫此书并未局限于该句式的典型成员，而是从疑问代词类周遍性主语句的范围划定出发，将表示事物的、表示人物的、表示地点的、表示情状的、表示时间的和表示数量的等所有类型的句式全部纳入研究范围，细致地描写和分析每一个类型的周遍句，探讨所有类型的共通性特点，比较不同类型的差异性特征，从而构建完整的疑问代词类周遍性主语句的研究系统。

三、微观分类的创新性

传统上周遍句是以疑问代词的意义为标准进行句式的宏观分类的，张鑫通过解析发现，单一类型的周遍句内部疑问代词存在语法化差异，他以疑问代词的语法化程度为标准，创新性地实现疑问代词类周遍句内部的微观分类，分成词汇成分型、隐喻意义型和任指意义型三类，并分别展开描写和分析，探索发现不同类型周遍句在对谓语的句法形式要求、语义内容及语义关系、语用功能等方面存在的差异性表现。

综上所述，张鑫《疑问代词类周遍性主语句研究》一书是一部全面、科学、系统研究疑问代词类周遍句的力作，不仅能够有效地补充和完善以往的研究，拓宽既往研究的视野，深化汉语周遍义句式的研究成果，还对非现实范畴、全量指称句式、疑问代词等问题的研究都具有启发意义，对类似句式的研究起到积极的推动作用。

张鑫于2014年考入我校语言与语言应用学专业攻读硕士学位，2017年，硕士毕业到我名下攻读博士学位。他硕士入学考试成绩非常优秀，但我当时并不"看好"他，主要是因为他的本科专业与硕士专业跨度太大，两个专业间的距离用十万八千里来形容也不为过，我一时间对那份好成绩是源于超常的应试能力还是真正的实力多少有些疑虑。张鑫自己也深知跨专业学习的难度，入学后，开启了如饥似渴的学习模式，每天沉浸在图书馆，认真研读专业书籍，还利用一切机会向业内知名专家学者请教，积极参加每周的小组研讨，与同窗学友共同切磋，在学术之路上迅速成长。

张鑫严谨自律，做事从不拖沓。2019年10月，我们研究团队赴韩国孔子学院进行调研，每天走访数所高校，甚至奔波几个城市。夜晚在大家休息之时，他总是不知疲惫地主动整理当日调研访谈的各种记录、材料，并撰写调研报告，为总报告的完成付出很多，至今回顾，记忆犹新。

张鑫为人厚道，治学勤勉，对专业满腔热爱，始终能够不被喧嚣浮躁裹挟，静心笃志、踏实研学，实在难能可贵！学术之路任重而道远，"千淘万漉虽辛苦，吹尽狂沙始到金"，我衷心祝愿张鑫能够坚持理想、勇于创新，在未来取得更丰硕的成果，以惠学林！

（序言作者简介：禹平，文学院教授，博士研究生导师，吉林大学图书馆馆长。承担并完成国家社会科学基金项目、国家社科基金冷门绝学研究项目、教育部语言文字信息管理与语保项目、教育部中外语言合作交流中心项目等 20 余项，发表高水平学术论文 50 余篇，多次获得吉林省社会科学优秀成果一等奖、长春市社会科学优秀成果一等奖。）

目 录
CONTENTS

绪　论 ……………………………………………………………… 1

第一章　疑问代词类周遍性主语句的性质、范围及分类 ……… 6
　　第一节　疑问代词类周遍性主语句的性质 ………………… 7
　　第二节　疑问代词类周遍性主语句的范围及分类 ………… 20

第二章　指事物的疑问代词类周遍性主语句 ………………… 26
　　第一节　"什么"类周遍句的分类 ………………………… 26
　　第二节　"什么$_1$"类周遍句 ……………………………… 29
　　第三节　"什么$_2$"类周遍句 ……………………………… 60
　　第四节　"什么$_3$"类周遍句 ……………………………… 76

第三章　指人物的疑问代词类周遍性主语句 ………………… 90
　　第一节　"谁"类周遍句的分类 …………………………… 90

第二节　"谁₁"类周遍句 …………………………………… 92
　　第三节　"谁₂"类周遍句 …………………………………… 113

第四章　指地点的疑问代词类周遍性主语句 ………………… 126
　　第一节　"哪儿"类周遍句的分类 ……………………………… 127
　　第二节　"哪儿₁"类周遍句 …………………………………… 130
　　第三节　"哪儿₂"类周遍句 …………………………………… 145
　　第四节　"哪儿₃"类周遍句 …………………………………… 159

第五章　指情状的疑问代词类周遍性主语句 ………………… 169
　　第一节　"怎么"类周遍句的分类 ……………………………… 171
　　第二节　"怎么₁"类周遍句 …………………………………… 173
　　第三节　"怎么₂"类周遍句 …………………………………… 185
　　第四节　"怎么₃"类周遍句 …………………………………… 195

第六章　指时间和指数量的疑问代词类周遍性主语句 ……… 206
　　第一节　指时间的疑问代词类周遍性主语句 ………………… 206
　　第二节　指数量的疑问代词类周遍性主语句 ………………… 218

结　语 …………………………………………………………… 230
参考文献 ………………………………………………………… 235
后　记 …………………………………………………………… 242

绪 论

语言是人类对现实世界的认知反映，语言的意义内容匹配人类表达的所有需求。"量"是人类认知世界的一种方式，表示事件对象的量级指数，全量指称是一种表示关涉事件成员全部"量"级的完全性、绝对性的语义表达。每种语言都有自己独特的、表达全量意义的句法单位或句法结构，汉语中同样存在着丰富的、表达全量指称意义的句法形式，比如，副词"全""都""皆"等全指意义的句法成分，"一量名"结构等表示全指意义的句法结构，等等。人类在处理广义的全量指称意义时，存在着多种不同的深层逻辑模式，遍指就是其中比较特殊的一种。遍指结构表示的语义内容是周遍义，朱德熙先生（1982）在《语法讲义》中最早对"周遍性"进行了描述，后续也有大量学者投入周遍义相关句式的研究中。

本书的研究对象为疑问代词类周遍性主语句，是表示全量指称意义的句式之一。"疑问代词类周遍性主语句"的概念是由陆俭明先生（1986）提出的，他在考察周遍性主语句时，按照主语的类型，提出了三种疑问代词类周遍性主语句：疑问代词直接充当主语、定语部分包含疑问代词的名词性偏正结构充当主语、包含疑问代词的"的"字结构充当主语。本书的研究对象仅限于第一个类型，即疑问代词直接充当主语，带有副词"都"或"也"，表示周遍意义的主谓句。

疑问代词类周遍性主语句是汉语表达周遍义的典型句式结构，汉语学界对这种由疑问代词和副词组合而成的句式结构，进行了大量的探讨和分析，对于该结构体的句法成分、句式意义、语用内涵、逻辑模式等相关内容均取得了卓越且丰富的研究成果。学界相关的研究一般沿着两种路线展开：一是以疑问代词为中心，围绕着疑问代词的任指用法，探讨句式的组件、意义、功能等问题，如王力（1943）指出"疑问代词后面跟着'都'字或'也'字，也能表示'任何'的意义"；吕叔湘（1944）提出任指"指称词"在复句的第一个小句里，前面常常可以加连词，即"无论""任凭""不管"等字，在《近代汉语指代词》（1985）中，他指出任指性"谁"后面有"都""也"呼应，肯定句多用"都"、否定句多用"也"；丁声树（1961）指出疑问代词表示任指的句法有两类，其中一类常常带有"也""都""全"一类词，有时候还用"无论""不论"等连词和副词照应；赵元任（1968）提出"疑问代名词"用于非疑问场合，表示"任何一个"的意思，不轻声，前置，有"也"或"都"跟它配合；朱德熙（1982）认为疑问代词表示周遍性，句式里常常有"也""都"之类的副词，有时还用"无论""不管"等连词和副词呼应，疑问代词必须重读，肯定句式里"都"比"也"占优势，否定句式里"也"比"都"占优势。

一是将句式视为一个完整的结构体，从结构体的系统性角度出发，探讨句式的相关问题，如陆俭明（1986）首次提出"周遍性主语句"的概念，即"周遍性主语句是指主语以一定形式强调其所指具有周遍意义的一种主谓句"，其中，A类周遍性主语句就是"疑问代词类"周遍性主语句，所以他的研究也是围绕着句式而展开的。杉村博文（1992）指出"这段话容易给人一种误解，即容易让人误解为疑问代词本身就具有'周遍性'的语义功能。这样去理解疑问代词的'周遍性'，显然是错误的。我们认为疑问代词表示的所谓'周遍性'是疑问代词的'任指性'和'也'的'类同义'或'都'的'总括义'共同表达的"，杉村博文先生完全严格地按照句式整体性的视角，来研究句法结构、句式意义等内容。段朝霞（1999）定义"遍指句"是"通过一定的语法手段来表示周遍意义的句子"，她专门探讨了含有疑问代词的遍指句，她提出"最常见的格式是'YP+也/都+DP'，这种格式的遍指句最多，经常作为一个整体自由的、成片儿的使用，固定性很强，只要进入这个格式，再短再长的句子也都有周遍意义"。袁毓林（2004）认为全称意义是由整个"WH+都/也……"格式表达的，是疑问代词和副词"都/也"共同的表达结果，同时，他也指出副词的必要性在于全称意义是隐性的，需要加合性算子来照应和约束，也就是"都"和"也"出场的语义动因。袁毓林、王明华（2011）从句法形式完整性的角度，强调"WH"后面必须有副词"都/也"共现才算有周遍性意义。王宇（2017）的博士论文《现代汉语任指范畴研究》中部分内容涉及疑问代词类周遍句，在"疑问代词对任指的表达"章节中，他提出"WH+都/也+VP"是无限任指构式，说明他的研究视角是将疑问代词类周遍句看作一个完整的结构体，而不是单纯从疑问代词的角度出发进行探讨。

　　本研究遵循着第二种研究路线，将疑问代词和副词"都""也"的组合视为一个完整的句法结构体。本研究采用精致整体主义的研究范式展开探讨，精致整体主义是施春宏先生（2015，2018）提出的，研究目标是"立足整体，重视还原，强化多重互动关系的整合机制分析"。本书将以发展的眼光和整体性视角，结合自上而下和自下而上的研究模式，多角度探讨疑问代词类周遍性主语句形式和意义的互动关系和整合机制，力图做到准确的描写和科学的解释。本研究采用历时研究和共时研究相结合、宏观描写和微观描写相结合、定性分析和定量分析相结合等方法，以三个平面理论为主要的理论基础，且在对句式的组件及整体性探讨过程中都使用了三个平面理论，在句法材料分析的基础上，参考语义内容的影响，以语用事实进行印证，力求做到形式和意义、静态和动态、描写和解释相结合。此外，在探讨句式相关内容时，还运用了构式理论、语法化理论、非现实范畴、分析哲学、逻辑语言学等相关理论方法。

疑问代词类周遍性主语句一直是现代汉语研究中的热点问题，大量学者有着丰富的研究成果。依靠先贤的学术成果，本书修正研究方向、补充研究内容，最终形成研究成果。本书主要包括以下三方面内容：

第一，本书以构式的系统性视角考察疑问代词类周遍性主语句，对句式的性质、范围、分类等进行重新定义，在分析句法结构、定义句式的语义内容、论述句法形式和语用功能的互动等方面展开了有益的探索，取得了一些新的研究成果。

第二，根据疑问代词的虚化程度，将疑问代词类周遍性主语句进一步微观分类，按照虚化程度高低，分成词汇成分型、隐喻意义型和任指意义型三类，并分别展开了描写和探讨，继而发现不同类型的周遍句在对谓语的句法形式要求、语义内容及语义关系、语用功能等方面都存在着差异性表现。

第三，全面考察所有类别的疑问代词类周遍性主语句，将该句式的所有类型都纳入研究范围，细致描写出每一个不同类别的周遍句内容，解析出所有类型句式的共同性特点和不同类型之间的区别性特征，构建了完整的现代汉语疑问代词类周遍性主语句的研究系统。

  本研究角度新颖全面，能够很好地完善和补充以往研究的疏漏和薄弱之处，坚持从句式的整体性出发，不仅以自下而上的角度探讨句式谓语和疑问代词、副词之间的联系和对句式的组成关系，也坚持自上而下以整体视角探讨句式对组件的影响，运用构式等相关理论探讨句式的结构、意义、逻辑等内容，力求做到研究的真实性和科学性。希望本研究能够抛砖引玉，为现代汉语疑问代词及其相关句式研究提供参考，也为非现实范畴、全量指称句式等相关问题的研究提供一些启发。

第一章

疑问代词类周遍性主语句的性质、范围及分类

现代汉语中疑问代词除了疑问用法之外，还有许多非疑问用法，比如，虚指、反诘、任指等，其中，任指的疑问代词可以搭配副词"都/也"组成一种表达周遍义的句式，例如：

(1) 谁也不用特意去说明。
(2) 哪儿也没有你要的完美的爱人。
(3) 什么都别想了。
(4) 随便，怎么都成。
(5) 质量这么差，几个也不行。

这些句式都具有一些共同的特点：疑问代词都位于句首充当主语，都搭配副词"都""也"，句子都表示周遍性的全指意义。陆俭明（1986）根据句子的句法和语义特点，将这类句式归入周遍性主语句范围，由于句子主语是疑问代词，所以此类句式可以称为疑问代词类周遍性主语句。许多学者对该句式都有过研究和探讨，本书注重以整体性的视角审视疑问代词类周遍性主语句，以期通过更深入的描写和探讨，解析该句式的定性、分类等问题。

第一节　疑问代词类周遍性主语句的性质

作为研究的第一步，首先要对对象进行定性研究，判断它的性质特点，这样才有利于根据其性质、特点展开相应的分析。

我们从历时发展和句式特点两个角度出发，考察疑问代词类周遍性主语句的性质。从历时发展的角度看，疑问代词类周遍性主语句由条件复句紧缩而成，属于紧缩句；从句式的特点看，它的意义具有整体性、不可推测性，属于构式。

一、疑问代词类周遍性主语句的紧缩句属性

（一）紧缩句属性判定

王力（1943）认为"凡复合句紧缩起来，两个部分之间没有语音的停顿，叫做紧缩式"，黄伯荣、廖序东（1990）在《现代汉语》中对紧缩句的定义是"紧缩句由复句紧缩而成，紧，是紧凑，指语气上扬，隔开分句的语音停顿没有了；缩，是缩减，指结构上有些词语被压缩掉了，它是分句间没有语音停顿的特殊复句，又叫'紧缩复句'"。关于紧缩句的性质，汉语学界存在着分歧，但与本文的研究内容无关，不做探讨。根据学者们的研究成果，可以简单地概括出紧缩句的定义：紧缩句是复句通过紧凑并缩减部分结构而成的语法单位。

许多学者从历时发展的角度对疑问代词类周遍性主语句展开过讨论。最早对句式进行历时发展研究的学者是吕叔湘，他（1985）提出"那些倒装的'什么'实在是一个短语'不管什么'或'任什么'的

省略形式";冯春田（2000）在探讨"什么"的任指用法时，指出任指用法是在"任（不论、凡是）……，都……"的语境下形成的；鹿钦佞（2005）细致地总结了自唐五代以来"什么"的任指用法，他认为"任指用法是逐渐丰满起来的"，清代之前任指用法以连词和副词并用的复句形式为主，清代后期始，只使用副词的单句形式大量增加，"这是任指用法在历史上的一个较大变化"；肖任飞（2006）同样梳理了唐五代以来"什么"的任指用法，他指出唐五代少见任指用法，宋元时期任指用法增多，语例是带有连词和副词的复句形式，明清时期任指用法成熟，数量增加，出现"什么"居于主位的例句。基于以上学者对句式历时发展考察的结果，可以发现疑问代词类周遍性主语句是由任指疑问代词组成的让步条件复句，经过句法单位的省略、语音停顿的取消、分句结构合并之后而生成的紧缩结构。

疑问代词类周遍性主语句属于紧缩句，这一定论也可以很好地解释一些相关的现象，比如，周遍句结构的句法强制性，疑问代词必须位于副词之前，从紧缩句的角度看，这是由于在复句形式中，疑问代词的分句位于前，副词部分的分句位于后，经过紧缩，分句结合，周遍句的句法结构固定化；再比如，邵敬敏（1996）、石毓智（2001）认为疑问代词必须出现在句子谓语之前，但是存在着大量例外，例如：

（1）不管他做什么，都别管。

（2）他看什么都好。

如果将该结论限定在疑问代词类周遍性主语句中是成立的，疑问代词必须位于主语位，必然出现在谓语前。例外的情况是复句未紧缩或未完全紧缩的周遍句形式，例（1）是没有紧缩的复句形式，例（2）是未完全紧缩的复句形式。

王力（1943）将紧缩结构分成积累式、目的式、结果式、申说式、条件式、容许式、时间限制的。条件式紧缩的定义是中间没有停顿的条件句，疑问代词类周遍性主语句是条件式紧缩，试比较：

(1) 你一去都没有兴头了。（王力例）

(2) 什么都影响不了我。

例(1)是典型的条件式紧缩句，句首可以添加假设关系连词"如果"，表示一种假设的条件"你一去"，产生的结果是"都没有兴头"；例(2)是疑问代词类周遍性主语句，句首可以添加让步关系连词"不管"，表示无论在任何条件下，结果都是"影响不了我"，句子隐性的语义关系是条件关系。

综上所述，疑问代词类周遍性主语句是条件式紧缩句，是条件复句紧缩、精简之后的句法形式。条件分句经过精简，只保留了疑问代词。句法形式上的精简导致在周遍句的语义研究中，不仅句式表达的全指意义很重要，条件意义对于周遍句来说同样不可或缺，它是周遍句区别于其他全指句式的特点之一，是周遍句主观性的来源，同时也是句式语用表达的基础。

(二) 紧缩过程

根据相关学者的历时研究，我们确定疑问代词类周遍性主语句是条件式紧缩句，那么，从条件复句演化成周遍句的紧缩过程是怎样的呢？

马丁·哈斯普马特（Martin Haspelmath）探讨过现代汉语中疑问代词的紧缩问题，他（1997，1998）从跨语言语法化角度，提出汉语疑问代词不定功能和参数让步条件句直接相关。复句谓词性成分的意义是说话人"不关心"或认为"不相干"时，说话人经常省略复句谓语，引起让步条件小句语法化，促成和结果小句的融合。张定（2013）在相关理论的基础上，详细分析了疑问代词类条件复句到疑问代词类周遍性主语句的紧缩过程。首先，条件复句中条件词语内嵌参数小句，随着让步连词的语法化，其句法形式被省略掉。省略连词后，复句进一步整合成一个复杂的整句结构，也就是疑问代词类周遍性主语句。由于汉语的特点，不管疑问代词的语义角色如何，都处于主语位置。他认为句式的紧缩过程是：条件复句 > 任指疑问代词复句 > 任指疑问代词整句 > 疑问代词类周遍性主语句。例如：

（1）我不管他吃什么。（张定例）

（2）不管他吃什么，他都津津有味。

（3）他吃什么都津津有味。

（4）什么都津津有味。

张定认为的缩减过程是：由例（1）开始，例（1）词语"不管"具有实在的词汇意义，带小句成分"他吃什么"；随着"不管"虚化程度加深，"不管"变成让步连词，连接不同分句成分，演变成为例（2）的结构形式；例（2）"不管"进一步语法化，语法意义凝练到疑问代词上，句法形式被删减掉，两个分句连接成一个单句形式，也就是例（3）的结构形式；最后，如果条件分句的谓语意义是说话人不关心或不在乎的，条件分句进一步缩减，发展成为例（4）的结构形式。例（4）是周遍性主语句，连词省略了，条件部分只保留了疑问代词充当句子的主语，两个分句紧缩成一个单句形式。

（三）紧缩条件

疑问代词类周遍性主语句是由复句一步步紧缩而成的，能够紧缩成周遍句需要满足相应限制条件，关键因素是条件分句谓语意义不用凸显。

邢福义（1985）认为判断复句和单句的标准是结构核的数量，只有一个结构核的句子是单句，否则就是复句。通过分析可以发现，从复句最终紧缩到周遍句的过程中，只有周遍句是单句形式，其他句式都是复句。比如：

（1）不管谁打你，都会挨罚。

（2）谁打你都会挨罚。

（3）谁都会挨罚。

例（1）、例（2）都是复句，有两个结构核，是"打你"和"会挨罚"。例（3）是单句，只有一个结构核"会挨罚"。对比例（1）、例（2）、例（3）可以发现，复句紧缩成周遍句是由两个结构核变成一个结构核的过程，句子省略了条件分句的结构核。这也就是哈斯普马特（1997，1998）提到的，说话人认为条件分句谓语成分"不重要"或"不关心"，促使条件分句语法化，省略了谓语等成分，仅保留了疑问代词，疑问代词和副词部分的结果分句融合成一个单句形式的紧缩结构。因此，能够紧缩成周遍句形式的关键因素是条件分句的谓语意义不需要凸显。

（四）连词的隐现情况

疑问代词类周遍性主语句还涉及连词的隐现问题。复句在紧缩过程中，连词应该是被缩减掉的，但是，部分句子还有使用连词的情况。汉语学界一般认为任指的疑问代词，前面可以加上"不管""无论"等连词，或在后面加上副词"都""也"，也有连词和副词都出现的情况，比如，朱德熙（1982）、胡盛伦（1989）、王健慈（1989）等。李尚（2018）专门探讨了连词的隐现情况，他认为周遍句可以分成连词和副词必须同现、可同现或不同现、必然不能同现三种情况。

我们认为如果将疑问代词类周遍句归入任指用法，会导致各种结构类型的周遍句混杂到一起，包括未紧缩或未完全紧缩的复句形式周遍句，这就给人留下了连词使用混乱的印象。未紧缩或未完成紧缩的复句形式，连词使用与否没有强制性要求，而疑问代词类周遍性主语句中则没有使用连词的必要。胡盛伦（1989）探讨连词的使用情况，例句中使用连词的一般都是复句形式的周遍句，而不带连词的一般都是单句形式的疑问代词类周遍性主语句。鹿钦佞（2005）按照连词和副词标记将任指疑问代词的周遍句分成四类，通过历时考察发现，随着疑问代词任指用法的成熟，不使用连词、只使用副词的周遍句比例越来越高，说明从复句紧缩到周遍句的过程中，连词的使用率在下降，最终在疑问代词类周遍性主语句中完全被舍弃。因此，他总结"无论/不管……都/也"在历史上是强势句式，由于疑问代词具备焦点特征，久而久之，连词变成羡余成分，任指概念转向由疑问代词和副词共同表达。我们同意鹿钦佞的观点，紧缩过程中连词被省略，其意义凝练到疑问代词上，没有必要再重新添加，所以，疑问代词类周遍性主语句中没有使用连词的必要。此外，句法形式越简单，越能够有效凸显语气，周遍句已经是最简洁、凝练的形式，添加连词以后，反而在语感上减弱了说话人的语气，显得啰唆且没有必要。例如：

（1）一句解释，一句交代，什么都好，反正她都等。
（2）一句解释，一句交代，不管什么都好，反正她都等。

例（1）是周遍性主语句，是最简略的句法形式，表达出最强的语气，较强地体现出说话人的绝望、悲观等情绪，例（2）添加连词之后显得啰唆，也减弱了语气。

二、疑问代词类周遍性主语句的构式属性

（一）构式属性判定

构式是认知语言学中的概念。查尔斯·菲尔墨（Charles J. Fillmore）等学者在研究异质句法结构的意义问题时，提出了"构式"概念，克莱门特·格林伯格（Clement Goldberg）在系统研究英语双及物构式、非及物移动构式等论元结构时，丰富了构式理论。格林伯格（1995）为构式确定的、比较权威的定义是："构式"具备三个条件。第一，必须是形式和意义的配对；第二，具有独立的构式意义；第三，构式的形式或意义不能从已有的构式或组成成分中完全预测出。严辰松（2006）特别强调不可预测性适用于汉语构式，他指出任何一个语法单位，只要形式、意义、功能有一个方面是不能完全从其组成成分中推知的，就是构式。詹卫东（2017）归纳了构式的六个特点：（1）不适合分析为二分支层级树结构；（2）内部成分的可替换性（可扩展性）弱；（3）内部成分的功能范畴不明确；（4）结构无中心成分或整体功能不由中心成分的语法功能决定；（5）整体语义不由组成成分的语义组合得到；（6）具有独特的交际功能或语用价值。他认为满足其中一条就是构式，满足的项数越多，构式的典型程度越高。根据以上学者对构式的定义和判断标准，我们探讨疑问代词类周遍性主语句是否符合构式的要求。

第一，疑问代词类周遍性主语句的结构具有整体性。疑问代词和副词的共现是强制性的，只有疑问代词和副词搭配，才会有周遍义产生，说明整个句式具有整体性。例如：

（1）苍蝇，是细菌的传播者，谁都讨厌它。

（2）*苍蝇，是细菌的传播者，谁讨厌它。

（3）*苍蝇，是细菌的传播者，都讨厌它。

（4）当今皇上，什么也不给。

（5）*当今皇上，什么不给。

（6）*当今皇上，也不给。

例（1）、例（4）是句法结构完整的周遍句，表达周遍义。例（2）、例（5）是没有使用副词的情况，疑问代词表示疑问，句子没有周遍义。例（3）、例（6）是没有使用疑问代词的情况，句子不成立，没有周遍义。

第二，疑问代词类周遍性主语句的结构模式不适合分析成二分支层级树，结构无核心成分，句法形式和意义具有不可预测性。根据上一小节考察，可知疑问代词类周遍性主语句是由复句紧缩而来，疑问代词和副词在复句缩减过程中，融合成一个整体性的句法结构，它们不是两个语法成分的简单加和，不能分析成二分支层级树。句式表示周遍义，是在疑问代词和副词组合的基础上生成的一种复杂意义，具有不可推测性。比如，例（1）、例（4）的句法结构具有整体性，生成额外的周遍义。

第三，内部成分的可替换性和扩展性较弱。疑问代词类周遍性主语句内部成分可替换性较弱，疑问代词的使用仅限少数典型的成员，比如，"什么""谁""哪儿"等，副词只有"都"和"也"能够使用。扩展性也较弱，只有疑问代词部分能够扩展。

第四，具有很高的语用价值。疑问代词类周遍性主语句不同于一般全指意义的句式，具有较强的主观性，能够表达说话人强烈的个人情感，语用价值较高。

综上所述，疑问代词类周遍性主语句完全符合构式的概念定义和特点要求，是一个典型的构式。王宇（2017）在他的博士论文《现代汉语任指范畴研究》中，就已经提出"WH+都/也+VP"是一个构式。我们从构式的定义和特点角度，对周遍句进行判断，再次确认它的构式属性。

（二）构式结构和类型

如果用"WH"代表疑问代词，"P"代表谓语，那么，疑问代词类周遍性主语句的句法结构可以写成：WH +都（也）+ P。

认知语言学从句法结构的角度将构式分成两类：实体构式和图式构式。实体构式的句法单位组成是固定的，比如，固定的熟语结构等；图式构式的认知模式固定，句法单位组成不固定。疑问代词类周遍性主语句的句法形式组成不固定，认知模式固定，属于图式构式。詹卫东（2017）以狭义的构式观，进一步将汉语构式分成凝固型、半凝固型、短语型和复句型。根据詹卫东的分类标准，疑问代词类周遍性主语句是表示周遍义的短语型构式，其中，"WH"根据表达需要选取合适的疑问代词，"都"和"也"相互替换，属于构式固定的部分，"P"属于构式句法形式不固定的部分。比如，例（1）、例（4）疑问代词"谁"和"什么"，副词"都"和"也"都是固定的，只有谓语部分是变化的。

从功能主义角度看，疑问代词类周遍性主语句是描写评价构式。王玉丽（2008）、王艳（2017）等学者都注意到周遍句构式的描述性。周遍句的功能主要是描写、说明事件状态或性质，"WH"是构式描述的条件对象，"P"表示结果状态，构式具有描写性质。此外，周遍句也具有评价功能，说话人使用周遍句描述事实情况，同时更多的是一种态度、情感的表达。比如，例（1）描写的是所有人物都处于状态"讨厌它",说话人利用周遍句表达出对"苍蝇"的厌恶等负面情绪。例(4)描写事物都处于"不给"的状态,表示说话人对"皇上"的消极情绪。

(三)构式意义

疑问代词类周遍性主语句的构式义是"周遍义",汉语学界关于"周遍义"还没有明确的定义,部分概念只是将"周遍义"依附在"任指"意义上或将二者等同起来。

我们认为"周遍义"是以疑问代词的"任指"意义为主、在结合副词意义的基础之上产生的。"周遍义"是整个构式的语义内容,所以,我们将"任指"意义缩小,定义成表示"任何"。关于"周遍义",我们比较认同王力(1943)、朱德熙(1982)等学者的定义,即"所涉及的人或事没有例外",但是,这个定义不够准确。

第一,朱德熙先生的定义"所涉及范围内没有例外",没有具体说明是什么要素没有例外。王力先生的定义"人或事物没有例外"只具体提到了人物或事物两个要素。我们认为不只是指人物或指事物的疑问代词能够进入周遍句充当主语,指称其他意义的疑问代词也可以,比如,"怎么""哪儿"等,那么,"所涉及范围内"也应该包括情状、地点等要素,定义应该是所有能够进入周遍句的疑问代词指称对象的总和。进入周遍句的疑问代词指代的是语义事件中的各种要素,比如,人物、时间、地点、事物、情状等,所以,定义应该补充、修改成"所涉及范围内事件的某种要素没有例外"。

第二,以上概念是针对疑问代词,而不是句式的,如果综合考虑句式的副词和谓语,从结构体的整体性视角出发去定义则会更加完善。王玉丽(2008)指出,周遍性主语句不是描述事件的发生、发展和经过,而是描述某一事件或行为的状态,上一节我们也认为疑问代词类周遍性主语句属于描述评价构式，句式谓语应该表示性质或状态等结果意义。

第三，由于句式的紧缩构式属性，我们认为周遍义的概念应该突出主语和谓语之间条件和结果的逻辑关系。从历时发展的角度看，疑问代词类周遍性主语句是从"不管""无论"等连词引导的复句紧缩而成的，所以，充当主语的疑问代词带有让步条件意义，谓语带有结果意义，疑问代词和谓语是条件和结果之间的关系，也就是吕叔湘（1944）提到的"不论"意义。

综上所述，整体考虑句式的各组成部分意义和语义关系，我们认为可以将构式的周遍义定义为："假设条件是所涉及事件某方面的任何要素，结果都是一样的，具有谓语表示的性质、处于某种状态或具有其他谓语表示的结果意义，没有例外。"例如：

（1）谁都控制不住自己。

（2）没有你，什么也不甜蜜。

例（1）表示条件是事件中任何人物结果都是一样的，都是"控制不住自己"，例（2）表示条件是事件中的任何事物，结果都是具有"不甜蜜"性质的。

结构主义语言学理论认为系统决定关系，关系决定价值。施春宏（2018）指出，"任何意义都是一种区别性关系的体现"。根据我们对"周遍义"的定义，可以看出"周遍义"属于典型的全指意义，王宇（2017）指出，周遍句指称内容和方式，与其他全量指称的表达方式都不一样。想要研究构式意义的本质内涵，就需要进一步将疑问代词类周遍性主语句和其他全指句式来进行比较研究，以弄清句式的"区别性意义"和独特的语用价值所在。总括性副词"都"是典型的全指意义标记，我们以标记"都"的几种全指句和周遍句进行比较研究。首先比较一下谓语是形容词性单位的句子，例如：

（1）老王、老张、老李都聪明。

（2）老王、老张、老李，所有人都聪明。

（3）老王、老张、老李，谁都聪明。

例（1）、例（2）、例（3）都是全指意义的句子，例（1）主语是具体名词，例（2）主语是名词词组，例（3）主语是疑问代词，句子表达的内容都是三个人，都具有"聪明"性质。比较而言，例（1）的客观性最强，句子表示的语义内容仅仅是事实陈述，例（2）的客观性一般，句子表示的语义内容是说话人以事实为基础的总结，例（3）的主观性最强，句子表示的语义内容是说话人主观总结的事实内容。可以看出，疑问代词隐含的条件意义，使周遍句带有强烈的主观性，体现出较强的个人色彩。

接着我们比较一下谓语是动词性单位的句子，例如：

（1）老王、老张、老李都吃饭了。

（2）老王、老张、老李，所有人都吃饭了。

（3）老王、老张、老李，谁都吃饭了。

例（1）、例（2）、例（3）都是全指意义的句子，句子表达的内容都是三个人完成了"吃饭"的动作。比较而言，例（1）凸显事件性较强，句子是说话人对事件过程内容的描述，例（2）凸显事件性一般，句子既是对事件经过的描写，也包含对人物属性的描写，例（3）描写性质较强，句子内容不是对事件过程的描述，而是对事件结果的性质、状态等意义的判断。周遍句的句法功能更偏向于对事物、要素的结果描写和评价，这与句子的主体对象有关，其他全指句的主体对象是比较具体、明确的，句子意义定义成事件性比较合适，而周遍句中疑问代词具有类指性和不确定性，句子意义定义成描写性、说明性比较合适。

综上所述，疑问代词类周遍性主语句和其他全指句式的意义区别是：首先，周遍句带有条件意义，具有较强的主观性，其他全指句式没有条件意义，客观性较强；其次，周遍句的主体不具体、不明确，句子意义是描写性、说明性的，其他全指句主体一般明确、具体，句子意义属于事件性的。

三、紧缩构式

皇甫素飞（2014，2015，2019）是第一个提出"紧缩构式"概念的学者，她（2014）对"紧缩构式"概念的界定是："紧缩构式指形式上又紧又缩，包含一定逻辑语义关系的、两套互不做句法成分的、表述性结构关联形成的、有一定整体意义的序列配置。"简单地说，一个句法结构不仅是紧缩结构，也具有构式的特点，那么，它就是一个紧缩构式。紧缩构式区别于一般构式的特点是，紧缩构式有特殊的形式标记和构式意义。紧缩构式的产生源于汉语独特的紧缩现象。根据前面章节的分析，可以看出疑问代词类周遍性主语句源自条件复句紧缩而成，且具有构式的典型性质和特点，是一个紧缩构式。例如：

画画要靠你自己，谁也拯救不了你。

例句中疑问代词类周遍性主语句是由条件复句紧缩而成，是紧缩结构，表达了句法成分组合的额外意义，属于构式，是一个紧缩构式。

疑问代词类周遍性主语句是紧缩构式，这就提示我们可以更多地从紧缩的过程和构式的系统性角度出发，考察该句式的内容和特点。施春宏（2018）提出，"句式的构造过程，不单指句法形式的构造过程，也不单指句法构造的过程，而是指形式、意义及二者关系的构造过程"，周遍句形成的紧缩过程，是形式和意义互动、句法组成成分相互协调的过程，最终产生了独特的语法意义。

第二节　疑问代词类周遍性主语句的范围及分类

一、疑问代词类周遍性主语句的范围

目前，关于现代汉语疑问代词类周遍性主语句的范围问题成果还不多，特别是具体哪些疑问代词可以搭配副词的问题鲜少被讨论。那么，是不是所有疑问代词都可以进入周遍句呢？

为了探讨周遍句的范围，首先需要明确疑问代词的范围。我们以吕叔湘（1944，1985）关于疑问代词的分类和范围研究为基础进行探讨。吕叔湘的分类及范围成果具体归纳如下：

询问人：谁、什么人、何人、哪个、孰；

询问物：什么（甚么）、何、奚；

抉择人、物：哪；

询问情状：怎么、怎么样、何；

询问原因和目的：怎么、什么、为什么、何故、何为；

询问数量：几、多少、几何、若干；

询问处所：哪儿、哪里、什么地方、何处、何所、何许；

询问时间：哪、几、多会儿、早晚、多早晚、多偺、何时。

明确疑问代词范围后，我们需要对所有的疑问代词进行筛选。周遍句的疑问代词基础必须具有任指意义。在探讨任指意义时，吕叔湘只提到了"谁""什么""怎么""哪儿"，而我们发现除了这些，还有其他疑问代词也具有任指意义，当然还有部分疑问代词没有任指意义不能进入。于是我们对所有疑问代词进行排除、添加，来确定能够进入周遍句的现代汉语疑问代词的范围。

第一，文言词汇不属于现代汉语的研究范围，需要排除掉，比如，"孰""奚"等。

第二，询问原因的疑问代词没有任指意义，不能做主语，也不能进入周遍句，需要排除。

第三，抉择人、物类疑问代词"哪"，其意义、用法和询问人物或事物的疑问代词重叠，所以排除研究范围。

第四，排除部分其他没有任指意义的疑问代词，比如，"若干""何人""何""几何"等。

第五，现代汉语询问时间常使用疑问代词词组"什么时候""什么时间"，它们具有任指意义，也可以进入周遍句，需要补充进来。

第六，数量类疑问代词"几"需要添加量词使用，以我们使用最常见的量词"个"为代表。

综上所述，通过归纳、筛选、整理，最终确定属于研究范围的疑问代词（词组）统计如下表：

类型	疑问代词
指人类	谁、什么人、哪个
指事物类	什么
指情状类	怎么、怎么样
指数量类	多少、几（个）
指处所类	哪儿、哪里、什么地方

续表

类型	疑问代词
指时间类	何时、多会儿、什么时候、什么时间

通过确定能够进入周遍句的疑问代词（词组）范围，也就确定了现代汉语中疑问代词类周遍性主语句的范围，也就是以上范围内所有疑问代词（词组）所引导的周遍性主语句总和。

二、疑问代词类周遍性主语句的分类

现代汉语疑问代词类周遍性主语句的范围确定之后，我们可以从宏观和微观两个角度，尝试对句式进行分类。

（一）宏观

由于疑问代词类周遍句的句法成分、语义内容的主要构件是疑问代词，所以，宏观角度可以以疑问代词作为句式的分类标准。

关于疑问代词的分类，汉语学界主流的标准是意义，而本书采用吕叔湘的分类体系，根据疑问代词，将句式分成指人物类、指事物类、指情状类、指数量类、指处所类、指时间类等六类。由于不同疑问代词引导的周遍句语用频次差距很大，所以后续章节的探讨在每个类型中本书只选取最典型的疑问代词引导的周遍句作为研究对象，指人物类周遍句中选取"谁"类周遍句，指事物类周遍句中选取"什么"类周遍句，指情状类周遍句中选取"怎么"类周遍句，指处所类周遍句中选取"哪儿"类周遍句，指时间类和指数量类的周遍句由于语例数量过少，合并为整体进行探讨。

（二）微观

传统的分类研究大多是宏观的，通过分析可以发现，以疑问代词的虚化程度作为分类标准，可以对句式进行更加细化的微观分类。

语法化是语言学研究的重要内容之一，近年来越来越多的学者运用语法化相关理论来解释疑问代词的产生、发展等问题，主要涉及的是疑问代词的疑问用法向非疑问用法转化的相关问题。霍铂（Hopper）和特劳哥特（Traugott）（1933）认为在语法化过程中，词汇成分首先需要激活话语功能，演变成构式，才能固定下来，并最终演化成形态成分。周遍句属于紧缩构式，周遍句中疑问代词就处于从词汇成分向形态成分过渡的中间阶段。因此，可以相信，同一类周遍句中疑问代词的虚化程度肯定是不同的。吴福祥（2003）指出，疑问代词的语法化路线是：疑问—任指（有定）—虚指（无定），任指的疑问代词属于中间状态。我们认为在同一个类型的周遍句中，疑问代词的虚化程度可能包含三个类型：第一个类型，虚化程度最低，类似词汇成分，近似于疑问功能的疑问代词；第二个类型，虚化程度中等，是基本的任指功能的疑问代词；第三个类型，虚化程度最高，类似形态成分，近似于虚指功能的疑问代词。

实词虚化可以以意义为依据，同一个疑问代词指称意义的差异性也印证其虚化程度的差别（解惠全1987、洪波1998）。金昌吉（2016）根据"哪儿""哪里"的语法化过程，总结出地点意义疑问代词的语义基底是：处所→所指扩大→模糊→泛化→消失，他的观点非常有启发性。我们考察周遍句中疑问代词的意义内容，同样存在从基本义发展成所指扩大，最终指称意义模糊的现象。例如：

（1）哪儿也不是你能随便撒野的地方。

（2）机器的毛病始终没查出来，哪儿都换了，就是启动不了。

（3）他这个人，除了懒，哪儿都好。

例（1）"哪儿"表示地点，属于基本意义，例（2）"哪儿"表示机器的零件，是一种隐喻的地点意义，属于扩展意义，例（3）"哪儿"表示人的性格、品质等，地点信息模糊，指称性弱化，任指意义凸显。周遍句中疑问代词指称意义的不同反映其虚化程度的不同。

特劳哥特（1995）指出，主观化是语法化的一个重要机制。吴福祥（2003）指出，语法化加深，语义的抽象性逐渐增加：具体义 > 较少抽象义 > 更多抽象义；主观性逐渐增加：客观性 > 较少主观性 > 更多主观性。张尹琼（2005）分析"谁"和"什么"的语法化过程，并指出这是一个主观性增强的过程。王小穹、何洪峰（2013）研究"怎么"的语义扩展，提到"怎么"首先失去疑问语义，由具体指代扩展成抽象指代，接着进一步扩展，语义内容和客观世界的指代关系消除，扩展出主观语义。从例（1）到例（2），可以看出句子语义的主观性增强，客观性减弱，也体现出疑问代词虚化程度的不同等级。

综合以上学者的研究成果，结合周遍句中疑问代词的语义—语用特征，能够确定在疑问代词类周遍性主语句中，疑问代词的虚化程度存在三类：

第一类，疑问代词虚化程度低，表示基础的词汇语义内容，体现指称功能，属于原型语义范畴。根据语义特点，该类疑问代词可以称为词汇成分型；

第二类，疑问代词虚化程度中等，表示扩展的、泛化的指称内容，体现在基础语义内容上隐喻而成的意义，属于次边缘语义范畴。根据语义特点，该类疑问代词可以称为隐喻意义型；

第三类，疑问代词虚化程度高，指称意义虚化，凸显任指意义来表达说话人的情感等主观语义内容，也是隐喻性的，属于边缘语义范畴。

根据语义特点，该类疑问代词可以称为任指意义型。

按照疑问代词的差异，相应的周遍句也分成三个类型：词汇成分型、隐喻意义型、任指意义型。

霍铂和特劳哥特（2003）指出，重新分析是语言变化的主要机制，王寅先生（2005）指出，认知转喻的过程和部分与整体、部分与部分的重新组合相关。能从具体指代向抽象指代过渡正是基于认知转喻的原因。周遍句中疑问代词的发展同样遵循认知转喻原理，从第一类单纯表意功能，发展成第二类通过隐喻扩大所指范围，最终第三类产生，表示主观性内容。

拜比（Bybee，1994）认为，语法化最重要的特征是重复，也就是语用频次。在疑问代词语法化的发展过程中，语用频次决定了疑问代词和语义的虚化程度。通过北京大学中国语言学研究中心（CCL）语料库的统计："谁"类周遍句7809例，数量最多，"什么"类语例3313例，这两类周遍句语用频次最大，虚化程度最高；其次是"哪儿"类和"怎么"类周遍句，分别是156例和58例，虚化程度一般；最少的是时间类周遍句和数量类周遍句，分别只有14例和6例，没有发展出虚化意义。所以，"什么"类周遍句、"谁"类周遍句、"哪儿"类周遍句、"怎么"类周遍句可以根据虚化程度进行微观分类，而指时间类周遍句和指数量类周遍句则不能进行微观分类。

第二章

指事物的疑问代词类周遍性主语句

指事物的疑问代词类周遍性主语句是由指代事物意义的疑问代词充当主语的周遍句,我们以"什么"类周遍句为代表展开探讨。"什么"类周遍句是指由充当主语的疑问代词"什么"、副词"都/也"和谓语构成的表示周遍义的句子,例如:

(1) 要用时即可方便地移到纸上。什么都去看看。
(2) 唯独我们,什么都不给你。
(3) 没有转会制的时代,什么也都认了。
(4) 什么也不能使我们改变这个决心。

例(1)、例(2)、例(3)、例(4)都是疑问代词"什么"充当句子主语,表示周遍义的句子,例(1)、例(2)使用副词"都",例(3)、例(4)使用副词"也"。

第一节 "什么"类周遍句的分类

以疑问代词的虚化程度为标准,可以将"什么"类周遍句进一步微观分类为三种类型：

第一种，词汇成分型"什么$_1$"类周遍句，"什么$_1$"虚化程度低，表示基础语义内容，指称具体存在的、实际的物品、物体或物件，属于原型语义范畴，指称性较强，客观性最强，主观性最弱。例如：

不仅仅香菇，什么都可以放啊。

此例属于"什么$_1$"类周遍句，"什么$_1$"指代蔬菜，是具体存在的物体，指称性强。

第二种，隐喻意义型"什么$_2$"类周遍句，"什么$_2$"虚化程度中等，表示在基础语义上隐喻出的虚化指称意义，指称抽象的物体，比如，"关系""方式""话语"等，属于次边缘语义范畴。例如：

那时候军校要求很严，什么都得学。

此例属于"什么$_2$"类周遍句，"什么$_2$"指课程等学习内容，不是具体存在的物体，而是将其隐喻成抽象的物品进行指称。

第三种，任指意义型"什么$_3$"类周遍句，"什么$_3$"虚化程度高，指称意义弱化，主要凸显任指意义，表示说话人的主观情绪、态度等内容，属于边缘性语义范畴，主观性最强，客观性最弱。例如：

你就是太贪心，什么都想要。

此例属于"什么$_3$"类周遍句，"什么$_3$"指称对象不明确，可以表示任何事物，弱化了指称性，凸显任指意义来表达说话人的批评态度，主观性强。

"什么$_1$""什么$_2$""什么$_3$"的区别在于："什么$_1$"指具体的事物，"什么$_2$"指抽象的事物，"什么$_3$"指称性弱，意义虚化。根据它们的意义和用法特点，我们可以采用在"什么"后面添加名词的形式标准进行区分，即"什么$_1$"可以跟表示具体事物的名词组成定中结构充当句子主语，它引导的周遍句就是"什么$_1$"类周遍句；"什么$_2$"可以跟表示抽象事物的名词组成定中结构充当句子主语，它引导的周遍句就是"什么$_2$"类周遍句；"什么$_3$"则不可以跟名词组合，它引导的周遍句就是"什么$_3$"类周遍句。

1. 什么$_1$可以添加表示具体事物的名词：

   什么$_1$ + NP（具体）→ 什么$_1$NP

2. 什么$_2$可以添加抽象事物的名词：

   什么$_2$ + NP（抽象）→ 什么$_2$NP

3. 什么$_3$不可以添加名词：

   什么$_3$ × NP

在"什么"类周遍性主语句中，"什么$_1$"指称具体的物品，后面添加表示具体事物的名词，句子仍然成立；"什么$_2$"指称抽象的物品，后面添加表示抽象事物的名词，句子仍然成立；"什么$_3$"指称性弱，意义不明确，后面不能添加一个指称明确的名词。我们通过形式标志将不同的"什么"类周遍句区分开。例如：

（1）最好随身带走垃圾，保护环境，什么也别留下。

（2）他有很多话想说，结果，什么都没说。

（3）事已至此，什么也没有意义了。

例（1）"什么$_1$"可以添加"垃圾"，"垃圾"是指称具体事物的名词，"什么$_1$垃圾"做句子主语，句子仍然成立，句子属于"什么$_1$"类周遍句；例（2）"什么$_2$"可以添加"话"，"话"是表示抽象事物的名词，"什么$_2$话"做句子主语，句子仍然成立，句子属于"什么$_2$"类周遍句；例（3）"什么$_3$"不能添加一个指称明确的名词，句子属于"什么$_3$"类周遍句。

朱皋、王琴（2020）指出，"什么"虚化的过程，往往也是主观化过程，"什么"的主观化表现说话人的观点，"什么"类周遍句的主观化也是如此。"什么$_1$"类周遍句指称性最强，主观性最弱，"什么"逐渐虚化，发展成"什么$_3$"类周遍句，指称性最弱，主观性最强。

"什么"的虚化程度影响着整个周遍句，不同类型的"什么"类周遍句在句法、语义、语用等方面都表现出差异性，比如，对谓语的句法要求提高；主谓之间的语义关系类型减少；语用功能从客观性描写向主观性表达过渡等，对这些问题的详细探讨将在后续章节展开。

第二节 "什么$_1$"类周遍句

本小节从句法、语义、语用三个方面对"什么$_1$"类周遍句进行描述和分析，其中"什么$_1$"指称具体的、实际的物体、物品。

一、句法结构

（一）句式的句法结构

"什么$_1$"类周遍句的句法结构是："什么$_1$+都/也+谓语"。句式既有肯定形式，又有否定形式。例如：

(1) 除了发动机，什么都能生产。

(2) 广场冒出浓烟，什么都看不见。

(3) 袋子很大，什么也装得下。

(4) 说自己眼前一片漆黑，什么也看不见了。

例（1）"什么"指机器零件，表示"除了发动机"之外的所有零件；例（2）"什么"指实际存在的物体，指"广场"上一切物品；例（3）"什么"指具体存在的任何物品；例（4）"什么"指现实存在的、眼前的物体，它们都是"什么$_1$"类周遍句，其中例（1）、例（2）使用了副词"都"，例（3）、例（4）使用了副词"也"，例（1）、例（3）是肯定形式，例（2）、例（4）是否定形式。

疑问代词类周遍性主语句属于半固定结构的构式，经过复句到单句的紧缩过程之后，句式的结构已经高度凝练、固定化。"什么$_1$"类周遍句的语序是完全固定的，"什么$_1$"必须位于副词之前，这和周遍句的产生过程、汉语的特点有关。复句中疑问代词"什么$_1$"属于条件分句的成分，位于副词和谓语构成的结果小句之前，紧缩之后，周遍句形成同样的语序。汉语中有定成分一般位于句子前部，无定成分位于句子后部，周遍句中"什么"属于有定成分，自然需要处于副词之前，处于副词之后的"什么"可能变成疑问用法，这是现代汉语利用语序规则来体现语法意义的句法表现。例如：

（5）什么都吃。

（6）都吃什么？

例（5）"什么"位于副词"都"前，表示疑问代词的非疑问用法，是有定的；例（6）"什么"位于谓语之后，表示疑问用法，是无定的。

"什么$_1$"类周遍句由疑问代词"什么$_1$"、副词"都/也"和谓语构成，句子主语"什么$_1$"和副词"都/也"属于句式固定的句法结构成分，谓语部分是变化的结构部分，即变项。比如，例（1）、例（2）的固定部分是由"什么$_1$"和"都"构成的，谓语根据表达需要变化，例（3）、例（4）的固定部分是由"什么$_1$"和"也"构成，谓语是变化的部分。

(二)"什么₁"

"什么₁"位于句首,是受汉语语法特点影响而产生的结果。"疑问代词放置在句子末尾,是汉语的一种正常现象,当疑问代词出现在句首或句子中时,该词就会丧失一些典型的句法形态特征。"(刘菲露,2019)"什么₁"位于句首是疑问代词非疑问用法的显性句法标志。

"什么₁"位于句首,是句子的主语。例如:

(1)也仅是看看,什么都没买。

(2)家里菜都吃完了,什么也没有了。

例(1)"什么₁"表示具体的商品,例(2)"什么₁"表示"菜",二者都是句子的主语。

(三)副词

"什么₁"类周遍句使用的副词有两个:"都"和"也",虽然肯定形式和否定形式中两个副词都可以出现,但是"肯定形式周遍句中'都'比'也'占优势,否定形式中'也'比'都'占优势。"(朱德熙,1982)例如:

(1)平时吃饭胃口很好,什么都能吃。

(2)桥不通路不通,什么都不通。

(3)你要努力,什么也做得成。

(4)除留下一团黏液外,什么也没有了。

例(1)、例(2)使用了副词"都",例(1)是肯定形式,例(2)是否定形式;例(3)、例(4)使用副词"也",例(3)是肯定形式,例(4)是否定形式。

副词使用的差异现象是周遍句研究的一个重要部分。汉语学界关于副词的使用,达成的共识是肯定形式周遍句中"都"比"也"占优势,否定形式中"也"比"都"占优势。学者们根据不同的语言学理论和研究角度做出不同解释。我们认为形式和意义的结合是多种因素协同产生的结果，句法成分选择问题是句法、语义、语用、逻辑等相互制约、相互影响的结果。施春宏（2018）提出"精致还原主义"，"所谓'精致'，就是注重对各种现象赖以出现的具体条件的分析"，也是注重对多种影响因素的分析，而不是进行单一化处理。"都"和"也"使用差异现象同样是多种因素促成的，需要根据周遍句的具体情况进行定向化分析。我们综合各种影响副词使用的因素，试图厘清副词使用的不同类型。

我们认为影响副词使用的因素主要有：句法形式重复或照应的需求；语气不同；逻辑模式等。

1. 句法形式重复或照应要求

周遍句存在对举使用的情况，表示更绝对、更完全的意义，对举使用的两个周遍句副词需要一致，不能随意互换使用。例如：

（1）什么都不吃，什么都不喝，就等着你。

（2）什么也不吃，什么也不喝，就等着你。

（3）*什么都不吃，什么也不喝，就等着你。

例（1）、例（2）副词都是对举使用，例（1）都使用副词"都"，例（2）都使用副词"也"，例（3）副词也是对举使用，却使用了不同副词，不合法。

有的周遍句是对上文内容的部分重复，说话人使用周遍句将上文语义内容的对象扩大化，表示强烈的肯定语气。内容重复的周遍句使用两个副词均可，但是，使用不同副词代表了不同的语义内涵。使用副词"都"表示总括前面的对象，使用副词"也"表示类指对象。所以，使用"都"的周遍句前面列举项数量没有限制,列举项既可以带谓语,也可以不带,使用"也"的周遍句前面一般只出现一个列举项,列举项必须带有谓语。此外,如果前文对应的句法部分使用"都"或"也",周遍句也必须使用同样的副词进行对应,这时"都"和"也"不能互换。例如:

(1) 黄瓜、香菇、生菜,什么都买了。

(2) 黄瓜买了、香菇买了、生菜买了,什么都买了。

(3) *黄瓜、香菇、生菜,什么也买了。

(4) 黄瓜买了,什么也买了。

(5) 淀粉也罢,什么也罢,反正是不管用。

(6) *淀粉也罢,什么都罢,反正是不管用。

(7) 贫穷都过去了,什么都过去了。

(8) *贫穷都过去了,什么也过去了。

例(1)列举项三个,周遍句只能使用"都";例(2)列举项带有谓语仍然成立;例(3)列举项超过一个,且没带谓语,周遍句不能使用"也";例(4)列举项一个,带有谓语,使用"也",表示和"黄瓜买了"类同意义,副词可以换成"都";例(5)前文使用副词"也",周遍句也必须使用"也";例(6)使用"都"和前文副词不一致,句子不成立;例(7)前文使用副词"都",周遍句也必须使用"都";例(8)使用"也"和前文副词不一致,句子不成立。

2. 语气区别

"都"和"也"在语气方面是存在差异的,使用不同副词表示不同的语气色彩。许多学者也注意到副词区别导致的语气差异,试图从语气角度解释副词使用的差异现象。比如,邵敬敏、赵秀凤(1989)认为

"也"的语气委婉适用于否定形式,高桥弥守彦(1990)提到"都"表示强调,李泰洙(2004)则区分了"基本义格式"和"强调义格式",他主张强调义格式中"都"和"也"可以互换。总体来看,"都"表示强调语气,"也"表示委婉转折语气。例如:

(1) 太晚了,都关门了,什么都买不到了。

(2) 太晚了,都关门了,什么也买不到了。

例(1)使用"都"表示强调,句子语义内容是表示条件是任何物品,强调结果是"买不到";例(2)使用"也"表示委婉语气,句子表示条件的"什么"和结果的"买不到"之间的委婉转折关系。

周遍句的口语性较强,同时句式意义表达绝对化、强势化的内容,使用"也",凸显委婉语气能够更让人接受,强化语用效果。例如:

(1) 新鲜蔬菜就这些,只要你早点来,什么也能买到。

(2) 新鲜蔬菜就这些,只要你早点来,什么都能买到。

例(1)使用"也",语气委婉,更容易让人接受;例(2)使用"都",语气比较直接、强烈。

高桥弥守彦(1990)认为"都"和"也"可以互换的时候,有转折的意思,不能互换的时候,有顺承的意义。袁毓林(2004)提出"强调结果类同,否定正反对举"假说。巴丹(2011)认为"都"出现在顺承关系从句中,"也"出现在对比关系从句中,这也从侧面说明了"都"带有追补意义,而"也"更凸显转折意义,从而造成使用差异,部分句子是因为语气内容不同而导致不能替换。由于追补意义在肯定形式中使用没有限制,肯定形式一般都可以使用"都",而部分肯定形式在没有预设条件的情况下,无法形成转折意义,部分肯定形式不能使用"也",所以,肯定形式中"都"比"也"占优势,部分句子中不能替换。否定形式的意义是建立在肯定预设的前提下，使用表示非对称类同性的"也"，可以更好地突出转折性和正反冲突性，所以，否定形式中"也"比"都"占优势。例如：

(1) 什么都买到了。

(2) *什么也买到了。

(3) 商店说货源不足，但是我们去了以后，什么也买到了。

(4) 什么都不想买。

(5) 什么也不想买。

例(1)、例(2)、例(3)都是肯定形式，例(1)使用"都"表示对前面内容的追补语气，不要求前提条件，例(2)使用"也"表示转折语气，需要前提条件，在没有分句前提的情况下，句子不合理，例(3)添加了前提条件，形成转折语气，使用"也"合理。例(4)、例(5)都是否定形式，例(4)使用"都"表示对前面内容的追补，例(5)表示转折意义，否定意义建立在肯定前提下，使用"也"成立。

疑问代词类周遍性主语句是由条件复句紧缩产生的，通过完整的条件复句结构，可以更清楚地看出副词使用的语气差异，例如：

(1) 无论他要什么，你都要给。

(2) 无论他要什么，你也要给。

例(1)、例(2)都是条件复句，例(1)使用"都"，结合条件分句的语义内容，"都"的追补意义更凸显结果分句的内容，和条件分句形成对比关系，表现出让步意义；例(2)使用"也"，凸显条件分句和结果分句之间的转折性，形成让步意义。

3. 逻辑模式

"都""也"使用差异的区别性还体现在句式逻辑模式不同。苏培成先生（1984）指出，"都"表示总括，"也"表示类同。在肯定形式和否定形式中，使用"都"的句子逻辑模式是通过先总括对象，再和谓语属性相联系；使用"也"的句子逻辑模式是通过先将对象和谓语属性相联系，再集合起来的逻辑模式，也就是袁毓林（2004）先生提到的"分配性"模式。从逻辑的角度看，全称肯定的逻辑模式下，集合赋值比分配性赋值的逻辑模式更加方便，所以，使用"都"优先于"也"；而全称否定的逻辑模式下，集合赋值的否定意义不如分配性赋值的逻辑模式严谨，所以，使用"也"优先于"都"。例如：

（1）这个袋子很大，什么都装得下。

（2）这个袋子很小，什么都装不下。

（3）这个袋子很大，什么也装得下。

（4）这个袋子很小，什么也装不下。

例（1）、例（2）使用副词"都"，是通过"都"总括，再和谓语属性进行匹配，例（1）是肯定形式，逻辑模式更便利，例（2）是否定形式，逻辑模式相对不严谨。例（3）、例（4）使用副词"也"，是通过"也"的类指进行分配性匹配，例（3）是肯定形式，逻辑模式更烦琐，例（4）逻辑模式严谨。

（四）谓语

"什么$_1$"的意义属于基本语义范畴，最容易被人识别和使用，例句数量最多，对谓语的句法要求是"什么"类周遍句中最低的，甚至一些边缘性的句法成分也可以有限地充当句子谓语。

"什么$_1$"类周遍句的谓语由形容词性成分或动词性成分充当。

1. 形容词性成分

"什么$_1$"类周遍句的谓语可以由单个形容词或形容词性短语充当。

性质形容词和状态形容词都可以充当句子谓语,最常出现的形容词包括:"一样""好""对""差""干净"等。例如:

(1) 真品和赝品太像了,什么都一样。

(2) 冰箱里的东西,什么都冰凉。

例(1)谓语由性质形容词"一样"充当;例(2)谓语由状态形容词"冰凉"充当。

形容词性短语包括带有补语的短语和状中关系短语,其中,状语类型包括副词、比较结构、比况结构等,例如:

(1) 一切花花草草都那么可爱,什么都非常好。

(2) 这些工具不行,什么也不如背篓灵活便当!

(3) 如今,什么都好像旧了似的,石像一点一点露出了真迹。

(4) 家具、地板、窗台都很满意,什么都好得不得了。

例(1)谓语由状中关系短语"非常好"充当,状语是副词"非常";例(2)谓语由状中关系短语"不如背篓灵活便当"充当,状语是比较结构;例(3)谓语由状中关系短语"好像旧了似的"充当,状语是比况结构;例(4)谓语由带有补语的形容词性短语"好得不得了"充当。

除了一般的形容词性短语之外,表示状态、性质等意义的名词性短语也可以有限地充当句子谓语,实际语料较少。例如:

(1) 这俩壶是一个人烧出来的,什么都一个样。

例(1)谓语由名词性短语"一个样"充当,表示事物性质,相当于形容词"一样"。

2. 动词性成分

"什么$_1$"类周遍句谓语可以由单个动词或动词性短语充当。由于

37

"什么₁"指具体的物品，动词相应的意义也偏向于表示实际的动作、行为，动作动词的比例最高。

邵敬敏（2007）从意义和功能角度出发，将动词分成动作动词、使令动词、心理动词、存现动词、趋向动词、能愿动词、判断动词、形式动词等。通过语料整理、分析，我们发现，动作动词、心理动词、存现动词、能愿动词可以单独充当句式谓语成分，由于"什么₁"指具体存在的物品，所以充当谓语的动词以表示实际动作意义的动作动词为主，最常出现的动作动词有："给""买""吃"等；最常出现的心理动词有："怕""想""爱""在乎"等；最常出现的能愿动词有："可以""会""可能""能"等；最常出现的存现动词有："有"等。例如：

（1）老板总说我们化妆不够，各种大品牌化妆品都发，什么都给。

（2）贪官自古都是贪得无厌，金钱、别墅、美酒，什么都爱。

（3）厨房里东西都给你准备好了，什么都有。

（4）什么都可以，不拘你带什么来，礼轻情意重嘛。

例（1）谓语由动作动词"给"充当；例（2）谓语由心理动词"爱"充当；例（3）谓语由存现动词"有"充当；例（4）谓语由能愿动词"可以"充当。

动词性短语包括状中关系短语、动宾关系短语、动补关系短语、兼语结构短语等，其中，状中关系短语最常见。

状中关系短语的状语包括副词、情态助词、介宾结构、被动结构、比况结构等，其中，情态助词最常见。例如：

（1）新中国成立初期，国家资源短缺，粮食、钢铁、石油，什么都极度缺乏。

（2）小猫、小狗，什么都可以养。

（3）店里都空了，什么都被旅客买光了。

（4）萝卜、白菜、豆角，什么都和他们一起种。

（5）屋子里面盖着厚厚一层灰，什么都好像没洗过一样。

例（1）谓语由状中关系短语"极度缺乏"充当，状语是副词"极度"；例（2）谓语由状中关系短语"可以养"充当，状语是情态助词"可以"；例（3）谓语由状中关系短语"被旅客买光了"充当，状语是被动结构；例（4）谓语由状中关系短语"和他们一起种"充当，状语是介宾结构；例（5）谓语由状中关系短语"好像没洗过一样"充当，状语是比况结构。

动宾关系短语的动词包括动作动词、判断动词"是"，存现动词"有"。例如：

（1）唯独我们，吃的、穿的、用的，什么也给你。

（2）到最后，老婆、孩子，什么都是人家的。

（3）不同价位产品质量也不一样，什么都有三六九等。

例（1）谓语由动宾关系短语"给你"充当，动词是动作动词"给"；例（2）谓语由动宾关系短语"是人家的"充当，动词是判断动词"是"；例（3）谓语由动宾关系短语"有三六九等"充当，动词是存现动词"有"。

动补关系短语的补语包括可能补语、结果补语等，常用动词是"看""准备"等。例如：

（1）我眼睛好着呢，什么都看得见。

（2）大厅内灯火辉煌，宴会马上开始，什么都准备好了。

例（1）谓语由动补关系短语"看得见"充当，补语是可能补语；例（2）谓语由动补关系短语"准备好了"充当，补语是结果补语。

兼语结构短语可以充当句子谓语，常用动词"让"。例如：

他父母带小薇去商场了，什么都让她买，不限制。

例句中谓语由兼语结构短语"让她买"充当。

除了一般的动词性短语之外，表示结果意义的紧缩结构也可以有限地充当谓语，语料较少。例如：

家具太陈旧了，什么都一碰就散。

例句中谓语由紧缩结构"一碰就散"充当。

二、语义内容

（一）句式的语义特点

周遍句构式的意义是周遍义，属于主观性全指。周遍句构式表示不管条件是事件所涉及的任何要素，结果都是具有某种性质、处于某个状态、具有其他谓语表示的结果意义。疑问代词"什么$_1$"指任何实际的物体，所以"什么$_1$"类周遍句的句式意义是：不管条件是任何实际存在的事物，结果都是具有某种性质、处于某种状态、具有其他谓语表示的结果意义。例如：

(1) 他们被强盗洗劫一空，什么都没有留下。

(2) 除了一支钢笔和一块旧表外，什么也没有。

例（1）主语和谓语是条件和结果的关系，表示不管条件是任何具体的物品，结果都是"没有留下"；例（2）表示不管条件是"除了一支钢笔和一块旧表外"的任何物品，结果都是"没有"。

（二）"什么$_1$"

在《现代汉语八百词》中，"什么"有五个义项：第一，表示疑问；第二，代替不肯定的事物；第三，表示否定；第四，任指，表示在所说范围内无例外；第五，独用，表示惊讶。周遍句中"什么₁"的意义是第四项，表示任指。《现代汉语八百词》里体现的是"什么₁"的功能分类，在具体的任指用法中，根据前一小节的探讨，我们可以知道"什么₁"指称任何具体的物体。例如：

（1）那边是成堆的鱼、肉、菜。什么都不缺，样样有。

（2）中华古国烹调艺术发达，什么都能煮了吃。

例（1）"什么₁"指"鱼、肉、菜"；例（2）"什么₁"指植物、动物等食品。

赵元任（1968）提出，汉语中主语指有定事物是一种强烈的趋势；朱德熙（1982）也提到，汉语倾向让主语表示有定事物；石毓智（2002）提到，汉语中没有任何修饰语的光杆名词，处于谓语之前，是有定的；唐燕玲、石毓智（2011）认为，疑问代词遍指指代的是特定范围内的所有对象，具备有定性；王艳（2020）明确提出，周遍句中疑问代词是有定的。所以，"什么₁"的语义特征是有定的。

徐烈炯、刘丹青（1998，2007）称，周遍性成分是全量成分，并提出全量成分强制性前置；刘丹青（2013）指出，疑问代词有全量和存在量解读两种方式，任指意义的疑问代词是全量表达。所以，"什么₁"属于全量表达。

吕叔湘（1944）指出，疑问代词有"指"和"代"两方面功能；金锡谟（1983）将任指情况分为四种：无范围限制的任指、有范围的任指、照应性的任指、对待性任指；杉村博文（1992）认为，根据谓语的语义类型，疑问代词的指代对象相应分成"封闭的类"和"开放的类"；巴丹（2011）将疑问代词分成有指和无指；吴越（2019）将疑问代词的任指用法分成"有界"的任指和"无界"的任指。我们认为不同学者的分类是一样的，只是名称不同，"有界"就是封闭的类，体现疑问代词"代"的作用，在句子中有前置词或语境提供指称范围，属于有限的任指；"无界"就是开放的类，体现"指"的作用，在句子中没有前置词且没有任何指称范围限制，属于无限的任指。"什么₁"在周遍句中既可以是有限的，也可以是无限的。

综上所述，"什么₁"的语义属性是有定的，属于全量表达，可以是有限的，也可以是无限的。例如：

（1）我就逛逛，什么都不买。

（2）这么多桃子，什么也不如南国的桃子甜。

例（1）、例（2）"什么₁"是有定的全量表达，例（1）"什么₁"指的是任何货物，没有指称范围限制，属于无限任指；例（2）"什么₁"指其他品种"桃子"，有指称范围限制，属于有限任指。

所以，周遍句中"什么₁"指任何实际存在的、具体的物体，语义属性是有定、有限或无限、全量。

（三）副词

在《现代汉语八百词》中，"都"有三个义项：第一，表示总括全部；第二，表示甚至；第三，表示已经。"也"有四个义项：第一，表示两事相同；第二，表示无论假设成立与否，后果都相同；第三，表示"甚至"；第四，表示委婉语气。

《现代汉语八百词》认为周遍句中"都"是总括用法，总括任指对象，"也"是从表示两事相同的基本用法中衍生出来的，属于无论假设如何、后果相同的一种用法。多数学者同意周遍句中副词的意义来源于其基本义，也就是总括义和类同义，比如，苏培成（1984）、陈昌来（1988）等，部分学者认为周遍句中"都"是多个义项的混合，比如，王艳（2020）认为，"都"在肯定句中表总括，否定句中表示"甚至"。周遍句中副词意义是从其基本义产生而来的，但是，只从副词和疑问代词的关系角度出发，在句式内部定义副词意义是不妥的，疑问代词类周遍性主语句是从条件复句紧缩而来的，疑问代词属于复句的条件分句，副词和谓语部分属于复句的结果分句，那么，"也"的意义应该是《现代汉语八百词》中定义的"表示无论假设成立与否，后果都相同"，相对应地，"都"的意义应该是从"所总括对象前可以用连词'不论、无论、不管'"意义延伸出来的，表示强调。例如：

（1）尽快来我这里。什么都不必穿，套一件大衣就好。

（2）听某些美食家谈文化，都叫人战战栗栗而又反胃不止，什么也不想吃。

例（1）使用副词"都"，表示无论条件是除了"一件大衣"之外的任何"衣服"，结果都"不必穿"；例（2）使用副词"也"，表示无论条件是任何食品，后果都相同，都是"不想吃"。

（四）谓语

现实和虚拟是人类感知世界的一组基础的对立认知方式，反映到语言中，就是表示现实或虚拟意义的句子。石毓智（2001）认为现实是指客观存在的事物、行为、性质、变化等，表达这方面语义内容的是现实句；相反，虚拟是不符合事实的、假设的、主观幻想的、不真实的事物、行为、性质等，表达这方面语义内容的是虚拟句。

"什么$_1$"类周遍句的谓语可以由形容词性成分或动词性成分充当。形容词性成分表示事物属性，由于周遍句具有主观性，所以形容词性成分充当谓语的周遍句表示说话人主观认定事物具有的性质，带有虚拟属性。动词性成分可以是单个动词，也可以是动词性短语，单个动词包括动作动词、心理动词、存现动词和能愿动词，其中，动作动词表示实际发生的动作，如果时态是过去时和现在时，那么谓语的意义一般是描述事实情况，带有现实性，如果是将来时，那么表示没有发生的事情，带有虚拟性；心理动词表示人类的内心活动、情感状态；存现动词表示说话人主观判断事物的存在状态；能愿动词表示说话人对动作发生情况的判断、期望等，这些动词意义都带有虚拟属性。动词性短语包括动宾关系短语、动补关系短语、兼语结构短语、状中关系短语等，其中，动宾关系短语、动补关系短语和兼语结构短语需要根据动词的意义和时态来判断其属性；而状中关系短语中，状语是副词、介宾结构、被动结构时，需要根据动词进行判断，状语是情态助词、比况结构时，表示的内容是说话人主观的判断，带有虚拟属性。

综上所述，"什么$_1$"类周遍句谓语的意义既可以是现实的，也可以是虚拟的。

当"什么$_1$"类周遍句的谓语表示现实意义时，句子是对现实事件实际发生情况的描写和说明，具有较强的客观性。现实意义类谓语只能由动词性成分充当，表示过去或现在发生的动作、行为。例如：

（1）海带、扇贝、鲍鱼，什么都养。

（2）房间里面没有垃圾，什么都扔掉了。

（3）一到家，他就拿出所有好吃的，水果、蛋糕、糖果，什么都给她。

（4）家里就这么几件值钱的东西，什么都被他当掉换钱了。

（5）他们昨天去买的年货，什么都让小王付钱。

例（1）谓语由动词"养"充当，表示现在实际的动作情况；例（2）谓语由动补关系短语"扔掉了"充当，表示实际发生的动作；例

(3)谓语由动宾关系短语"给她"充当,描写的是实际的行为情况;例(4)谓语由状中关系短语"被他当掉换钱了"充当,描写的是过去发生的事实;例(5)谓语由兼语结构短语"让小王付钱"充当,描写的是实际的动作事件。

当"什么₁"类周遍句谓语表示虚拟意义时,句子是对未发生、想象、假设等虚拟事实情况的描写和说明,具有较强的主观性。虚拟意义类谓语可以由形容词性成分或动词性成分充当。

句子谓语由形容词性成分充当,表示虚拟意义,是说话人对于事物属性的主观判断。例如:

(1)橱窗里的蔬菜,什么都新鲜,美丽。

(2)金钱、美食、美女,什么都比不过身体要紧。

例(1)谓语由形容词"新鲜,美丽"充当,表示属性判定,表达的是虚拟意义;例(2)谓语由状中关系短语"比不过身体要紧"充当,也是对"什么₁"指代物品的性质判定,具有虚拟属性。

句子谓语由动词性成分充当,表示虚拟意义,是对未实际发生的动作、行为的描述,对事物属性的判断,或是说话人对于动作进行情况的判断、期望等主观内容的表达。例如:

(1)什么都可以,他都能做成美味。

(2)糖、玩具、洋娃娃,什么都爱,都想要,太贪心了。

(3)小猫、小狗,什么都可以养。

(4)房子、车子,什么都没被他放心上,对他来说,都是身外之物。

(5)什么都不和他们一起吃,都是自己开小灶。

(6)屋里干干净净的,什么都好像没用过一样。

(7) 烟、酒和女人，什么都摧毁着他的心智。

(8) 到最后，除了老婆之外，什么都是人家的。

(9) 证明不能抗日，粮食、弹药、交通，什么都没有一点准备。

(10) 那片园子土地不行，什么都种不了，只能任凭它长些茅草和小灌木。

(11) 除了土地，什么都不让她卖。

例（1）谓语由能愿动词"可以"充当，表示说话人的主观判断；例（2）谓语由心理动词"爱"充当，表示心理活动，具有虚拟属性；例（3）谓语由状中关系短语"可以养"充当，表示说话人对动作发展情况的判断；例（4）谓语由状中关系短语"没被他放心上"充当，表示心理状态；例（5）谓语由状中关系短语"不和他们一起吃"充当，表示个人的态度、意愿，具有虚拟属性；例（6）谓语由状中关系短语"好像没用过一样"充当，比况意义具有虚拟属性；例（7）谓语由动宾关系短语"摧毁着他的心智"充当，句子表示一种心理情况；例（8）谓语由动宾关系短语"是人家的"充当，表示事物属性的判定；例（9）谓语由动宾关系短语"没有一点准备"充当，表示事件结果的判定，具有虚拟意义；例（10）谓语由动补关系短语"种不了"充当，表示属性判断；例（11）谓语由兼语结构短语"不让她卖"充当，表示态度，具有虚拟意义。

（五）语义关系

朱德熙（1982）提到，"主语和谓语的关系可以从结构、语义和表达三个不同的方面来观察。……从语义上看，主语和谓语的关系是很复杂的。"不同于英语等重形式型语言，汉语属于重话题型语言，主语和谓语的语义关系更加复杂。句法成分和语义角色往往不是固定的一一对应关系，动词之前的主语成分不能保证一定是施事角色。不使用任何句法标识，直接将受事成分放置于动词之前的句子结构类型在汉语中屡见不鲜，汤敬安（2018）指出，"出现了语义角色和与句法位置的错配现象"。周遍句主语和谓语之间的语义关系是句式构造的基本条件，也是决定句式语义模式、谓语类型等问题的关键因素。弄清楚周遍句主谓之间的语义关系，才能真正明白周遍句。

语义关系一直是语言研究中的热点问题。格鲁伯（Gruber）、杰肯道夫（Jackendoff）提出题元关系理论，菲尔墨（1968）提出格语法理论以后，越来越多的学者开始探讨句法成分在语义模式中的语义角色问题。我国学者从汉语的基本特征入手，取得了丰富的研究成果。关于语义角色的分类，许多学者根据不同标准，提出了独特的分类体系，比如，吕叔湘（1944）提出14种补词；丁声树（1961）将宾语语义成分分成8种；史有为（1984）将语义格分成14类。20世纪90年代以后，格语法理论和配价理论相结合，国内学者开始着眼于语义角色系统的建构，梳理格语法系统的层级排列。贾彦德（1997）将语义格分成基本格和一般格两大类21个小类；范晓和朱晓亚（1999）将动元分成四大类14小类；林杏光（1999）建构了七大类22小类的格系统；鲁川（2001）根据系统性、实用性、穷尽性将格分成了七大类26小类。本文采纳了袁毓林（2002）的语义角色分类系统，袁毓林将论元角色分为核心论元、外围论元和超级论元，核心论元包括主体论元（施事、感事、致事、主事）和客体论元（受事、与事、结果、对象、系事），凭借论元（工具、材料、方式）和环境论元（场所、源点、终点、范围），以及超级论元（命题），构成五大类17种的论元体系。

我们将从疑问代词"什么$_1$"的语义角色角度出发，根据袁毓林

（2002）的语义角色分类和论元体系，探讨"什么₁"类周遍句主语和谓语之间的语义关系。周遍句中"什么₁"指代实际存在的、具体的物体，其语义角色及句式主谓之间的语义关系类型主要有以下七种：

第一，"什么₁"做受事。"什么₁"指实际的物品，袁毓林（2002）指受事具有［-生命］［-自主］，做动作承受者是最自然的、最常见的语义角色。句子主谓的语义关系是动作、行为的受影响者和动作、行为之间的关系。例如：

（1）什么都吃光了，只剩下香肠尾巴上的香肠栓。

（2）不仅仅香菇，什么都可以放啊。

例（1）"什么₁"是动作"吃"的对象；例（2）"什么₁"是动作"放"的对象。

由于语义关系的复杂性，汉语中存在着大量受事主语句。"什么₁"指具体的物体，经常充当客体论元，所以，大部分"什么₁"类周遍句都属于受事主语句，这个语言事实很早就被许多学者注意到了，比如，最早吕叔湘（1985）就指出"什么都""什么也"的无论句，周遍性"什么"是受事。

第二，"什么₁"做致事。致事表示引起事件变化的因素，袁毓林（2002）指致事具有［+自立性］［+使动性］，"什么₁"做致事，句子主谓的语义关系是引起事件变化的要素和事件的变化情况之间的关系。例如：

（1）遍地垃圾、满是灰尘的家具，什么都让他们很崩溃。

（2）从门房、鲜花、侍仆、桌上的摆设起，直到米西本人，什么都使他嫌恶。

例（1）"什么₁"是引起"他们"变"崩溃"的因素；例（2）"什

么₁"是"使他嫌恶"的原因。

第三,"什么₁"做主事。主事是性质、状态或变化性事件的主体,袁毓林(2002)指主事具有[+自主性][+变化性],"什么₁"做主事,句子主谓之间的语义关系是性质、状态或变化性事件的主体和性质、状态或变化之间的关系。例如:

(1) 不管是书、被子还是个人物品,什么都必须整整齐齐的。

(2) 除了肉,什么也不新鲜了。

例(1)"什么₁"是"必须整整齐齐的"的主体;例(2)"什么₁"是"不新鲜了"的主体。

第四,"什么₁"做结果。结果是动作产生的成果。"什么₁"做结果,句子主谓的语义关系是动作和动作产生的成果之间的关系。例如:

(1) 这家家具厂的产品很有名,什么都纯手工打造。

(2) 忙乎半天,什么也没做成,都是失败品。

例(1)"什么₁"是"打造"的成果;例(2)"什么₁"是"做"的结果。

第五,"什么₁"做对象。对象是感知动作的目标。"什么₁"做对象,句子主谓的语义关系是感知动作和感知行为的目标、对象之间的关系。例如:

(1) 小王爸爸操作这台机器几十年,什么都熟悉。

(2) 对于各个朝代的钱币,他都熟悉,什么都认识。

例(1)"什么₁"是动作"熟悉"的对象;例(2)"什么₁"是"认识"的对象。

第六,"什么₁"做工具。工具是动作凭借的道具、手段。"什么₁"做工具,句子主谓的语义关系是动作、行为和采用的工具之间的关系。

49

例如：

（1）他为了这顿饭尽了全力，蒸锅、烤箱、微波炉，什么都用上了。

（2）铁锹、铁铲、扫帚，什么都用。

例（1）"什么$_1$"指代动作使用的工具；例（2）"什么$_1$"是"用"的工具。

第七，"什么$_1$"做材料。句子主谓的语义关系是动作、行为和使用的材料之间的关系。例如：

（1）当年他年轻气盛，什么都可在手里握成燕粉。

（2）他做厨师几十年，什么都可以做成美味佳肴。

例（1）"什么$_1$"是"握成燕粉"的材料；例（2）"什么$_1$"是"做成美味佳肴"的材料。

周遍句主谓之间的语义关系取决于疑问代词，"什么$_1$"指称性强，其语义角色及句式主谓之间的语义关系是所有"什么"类周遍句中最多的，共有七种。由于"什么$_1$"指代对象的语义特点是[-生命]，决定了"什么$_1$"偏向充当无自主性、被动性的语义角色。

（六）构式的语义压制

构式语法强调构式是作为一个整体性的系统存在的，构式的形式和意义高于其组件成分，一般性的组件成分对于构式的结构和意义具有很好的匹配性，而一些特殊的组件成分进入构式之后，施春宏（2012）提出"特定构式对基于该构式图式的异常表达在形式、意义、功能方面会进行一种规则化操作"，也就是会产生构式压制现象。

格林伯格（1995，2006）提出，"当构式的形态句法框架和填充其间的词条语义发生冲突时，人们对二者进行语义或结构的认知协调，这种协调通常都是转换词条语义来满足句法框架的制约，这就产生了压制现象或称构式压制";米凯利斯（Michaelis）同样表达类似观点，他（2004，2005）认为，"一个词项语义上跟它所出现的形态句法语境不相容，词项的意义就应该适应它所进入的结构的意义";崔雅丽（2011，2012）指出，压制现象源于语言多样性，包括不合常规的语言活用；刘芬、白解红（2019）认为，构式压制为"不规则"或"非常规"的形式与意义错配现象提供了解释；孙显云（2014）提出，"有效的解决存在于词汇项目和一些特殊构式之间的冲突。"构式压制是构式意义战胜词汇意义，实现属性或特征意义的转变，也就是米凯利斯（2004）提出的"凌驾原则"。

"什么₁"类周遍句谓语的句法成分类型很复杂，除了一般的形容词性成分和动词性成分，还有一些特殊的句法结构也可以充当句式谓语，比如，名词性短语、紧缩结构等，好像"什么₁"类周遍句的谓语可以由任何句法成分充当。其实，任何句式都必然存在着准入条件，不是任何句法成分都可以随便进入；反过来，一个句法成分一旦能够进入构式系统，其意义也会被构式的整体意义所压制。一方面，根据周遍句历时发展的考察和周遍句意义的探讨，可以知道主语疑问代词和谓语之间是条件和结果的关系，这表明能够充当句子谓语的句法成分必须表示性质、状态、结果意义；另一方面，能够进入构式充当谓语的句法成分也会被压制成表示性质、状态、结果意义。

首先，充当"什么₁"类周遍句谓语的句法成分必须具有与条件分句相对应的性质、状态、结果意义。

形容词性成分的意义是事物的属性或状态，是一种结果，因此，一般都可以充当周遍句的谓语。动词性成分必须体现出性质、状态、结果意义，性质、状态、结果意义可以包括很多种类型，比如，时体意义、否定意义、状态意义、对象意义等。特殊性谓语成分也必须具有结果意义才能进入周遍句，比如，名词性短语、紧缩结构等。例如：

(1) 就剩下一些不新鲜的蔬菜，什么都不好。
(2) 半夜回来，只有残羹冷炙，什么也咽不下。
(3) 钻戒、金项链、金手镯，什么都敢要。
(4) 他怕有毒，一桌菜就放在那，什么也没吃。
(5) 这两套家具真像，什么都一个样。
(6) 这些家具都几十年了，太老了，什么都一碰就散。

例（1）谓语由形容词性短语"不好"充当，表示事物的性质判断；例（2）谓语由动补关系短语"咽不下"充当，表示动作的结果；例（3）谓语由状中关系短语"敢要"充当，表示说话人的主观情态意义；例（4）谓语由状中关系短语"没吃"充当，表示动作的否定意义；例（5）谓语由名词性短语"一个样"充当，表示的是属性意义；例（6）谓语由紧缩结构"一碰就散"充当，表示事物的状态意义。

其次，句法成分进入构式后，会被构式进行规则化改造。充当"什么$_1$"类周遍句谓语的句法成分，进入句式后被构式的整体意义压制，变成凸显性质、状态、结果意义。例如：

(1) 他等了一天，看到一桌子菜，什么都吃。
(2) 这些商品都打折处理，什么都给钱就卖。

例（1）谓语"吃"表示动作意义，本义是属于事件性的，进入构式后，由于疑问代词和谓语之间的条件结果关系，"吃"意义被压制，不是事件性，而变成结果性；例（2）谓语由紧缩结构"给钱就卖"充当，本义描述假设事件，进入构式后，表示结果意义，句子表示不管条件是任何物品，结果都是"给钱就卖"的状态。

三、语用功能

（一）句式的表达功能

杉村博文（1992）最早注意到周遍句的语用方面的表达功能，他将周遍句分成"叙事描写型""演绎论断型"，基本能反映出周遍句的功能类型。杉村博文先生的分类是为了探讨副词的使用情况，并没有展开对不同语用类型句子句法表现的探讨，并且他只探讨了句子谓语是动词性短语的情况。我们认为可以将形容词性成分充当谓语的周遍句一并纳入研究范围。卫斓（1998）将周遍句分成"概括说明型"和"表态型"。巴丹（2011）从情态角度出发，认为周遍句的语用功能是主观强调和客观描写，这些分类的内容和杉村博文的观点是基本一致的。本研究同意上述学者的分类，认为按照语用表达功能，"什么$_1$"类周遍句可以分成叙事描写类和演绎论断类。

"什么$_1$"类周遍句可以用于对事件进行叙事、描写，此时，句子的谓语是由表示现实意义的句法成分充当的，说话人使用周遍句对事件事实内容进行概括说明、总结性描写，偏向于客观。例如：

（1）可以吃饭了，什么都准备好了。

（2）小猫、小狗，什么都养着。

例（1）是说话人使用周遍句对现实情况进行的总结，描写的是客观的事实内容，表示所有"吃饭"的事物条件都"准备好了"，偏向于客观性描写；例（2）"什么$_1$"统称"小猫、小狗"，句子是对"养着"的对象总结，偏向于客观。

"什么$_1$"类周遍句中"什么$_1$"指称性强，句子意义偏向于客观，和一般全指句的意义比较相似，但是二者的语用功能存在差异。叙事描写类周遍句属于强化性质的描写评价,一般是在说话人已知结果的情况下,总结事实内容,或是以周遍句的语义内容为基础进行绝对化的强调表达,与相对应的特殊情况形成鲜明对比,体现强烈的反差性;一般全指句则仅限于基本的事实描写,缺少总结性意义和对比性色彩。

(1) 烧饼买了,包子买了,豆浆买了,什么都买了。

(2) 烧饼买了,包子买了,豆浆买了,所有东西都买了。

(3) 什么也没换,除了椅子。

(4) 所有东西都没换,除了椅子。

例(1)"什么$_1$"是对"烧饼、包子、豆浆"的概括,句子是说话人对事实进行总结性描写;例(2)全指句是一般性总结,和前面的内容重叠,语感上显得重复啰唆;例(3)"什么$_1$"指称除了"椅子"范围外的物品,和"椅子"形成对比;例(4)全指句是一般性描写,"除了椅子"是对全指句的补充。

"什么$_1$"类周遍句可以用于陈述说话人对于事实的推理、判断或主观态度,偏向于主观,句子谓语由表示虚拟意义的句法成分充当。说话人使用周遍句来加强主观态度的表达,比如,增强命令语气或凸显说话人的某种情绪等,这种情绪既可以是积极的,也可以是消极的。例如:

(1) 老老实实地在屋里坐着,什么也不许动。

(2) 什么都能吃,平时吃饭胃口很好。

(3) 他觉得高妈的话有理,除了钱,什么也是假的。

例(1)表达说话人的态度,周遍句能够有效地增强说话人的语气,实现更强的语用效果;例(2)表示说话人对物品主观判断是"能吃",凸显了说话人身体好,表现了积极的情绪;例(3)表示说话人对事物性质的主观判定,凸显出消极的悲观情绪。

"什么₁"类周遍句语用功能实现的关键因素是"什么₁"的指称意义。叙事描写类周遍句利用"什么₁"所表示的绝对意义进行总括说明，能够更好地陈述事实，避免啰唆；演绎论断类周遍句利用"什么₁"表示的极端语义内涵，凸显说话人的主观意愿和情绪。句式的语用功能都是围绕疑问代词"什么₁"为核心而展开的，由于"什么₁"虚化程度低，指称性强，所以"什么₁"类周遍句的语用功能更偏向于叙事描写。

（二）句式主观性分析

周遍句具有较强的主观性，许多学者都注意到周遍句的这个语义特点，比如，卫斓（1998）、徐默凡（2010）、王宇（2017），那么，周遍句的主观性是什么，从何而来？里昂（Lyons，1977）认为，"主观性是指语言的这样一种特性，即在话语中多多少少总是含有说话人'自我'的表现成分。"我们认为周遍句的语义表达多少都带有一些主观性，"什么₁"类周遍句的主观性主要是由两个原因促成的：（1）条件和结果的认定关系是主观的。周遍句是由条件复句紧缩而成的，其中条件和结果的语义链关系是说话人主观认定的结果，属于典型的主观化产物；（2）绝对化的语义内容，周遍句经过紧缩，缩略了条件分句的句法成分，凸显了谓语，表示没有例外的绝对化语义内容，现实世界不存在绝对化的极端情况，这种人为将事实进行夸张化处理的情况带有明显的主观性。例如：

（1）还有一屋子看着我微笑的我的照片，什么都看着顺眼。

（2）新房准备好了，什么也不缺，样样有。

例（1）表达的是不管条件是任何"照片"，结果都是"看着顺眼"，句子条件和对象是"什么₁"指代的任何事物，谓语"看着顺眼"是结果，条件和结果的关系是说话人主观认定的，体现出主观性，并且说话人主观上扩大"看着顺眼"的对象范围到所有事物,表明一种绝对、完全的极端情况,属于说话人的夸张处理,也带有主观性;例(2)表示不管条件是任何物品,结果都是"不缺",这种条件和结果的认定关系是说话人主观认定的,并且"不缺"的对象是"什么$_1$"指称的任何物品,属于夸张化处理,体现出较强的主观性。

"什么$_1$"类周遍句既可以进行客观事实描写,也可以进行主观情绪表达,克莱恩(Crain)和罗(Luo)探讨疑问代词的任指用法,他们(2011)指出,疑问代词的任指内涵需要语境和背景信息的支持,语境和背景信息即是主观情绪表达的事实基础。施春宏(2018)指出,"句法结构是对一种客观现实行为或状态进行认知加工后的句法抽象",大部分的"什么$_1$"类周遍句都是在叙事描写类和演绎论断类的连续统中分布,不同语用功能的句子主观性强度也不相同。在"什么$_1$"类周遍句中,谓语表示现实意义的句子主观性弱于谓语表示虚拟意义的句子。"什么$_1$"可以是有限指称,也可以是无限指称,有限指称的"什么$_1$"由于带有指称意义,主观性弱一点,所以,有限的"什么$_1$"类周遍句的主观性弱于无限的"什么$_1$"类周遍句。综上所述,"什么$_1$"类周遍句主观性强度的连续统如下:

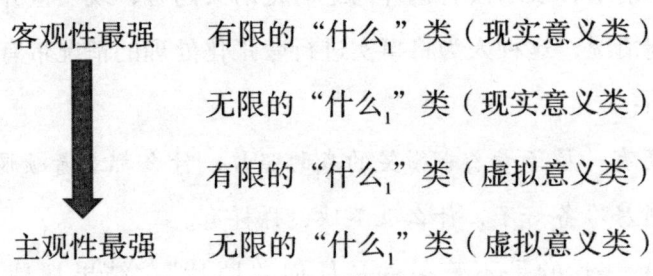

客观性最强　　有限的"什么$_1$"类(现实意义类)

　　　　　　　无限的"什么$_1$"类(现实意义类)

　　　　　　　有限的"什么$_1$"类(虚拟意义类)

↓

主观性最强　　无限的"什么$_1$"类(虚拟意义类)

不同类型的"什么$_1$"类周遍句主观性强度不相同,例如:

(1)超市蔬菜很新鲜,什么都买了点。

（2）什么都吃完了，你赶紧走吧！

（3）她是购物狂，只要进了商场，什么都想买。

（4）我死了之后，任何东西都是你的，什么都会留给你。

例（1）"什么$_1$"指"蔬菜"，有指称范围限制，谓语"买了点"是对发生动作的描述，是有限的现实意义类；例（2）"什么$_1$"没有指称范围，谓语"吃完了"表示已经发生的动作，是无限的现实意义类；例（3）"什么$_1$"指"商品"，有指称范围限制，谓语"想买"表示主观的想法，属于有限的虚拟意义类；例（4）"什么$_1$"指任何物品，没有指称范围限制，谓语"会留给你"是还未发生的动作，属于无限的虚拟意义类。从例（1）到例（4）的主观性是逐渐增强的。

（三）语用效果分析

"什么$_1$"类周遍句语用效果表达依靠的手段是对比和夸张。首先，通过条件分句和结果分句的对比，凸显谓语部分的意义内容；其次，以夸张化手段处理条件部分，反衬谓语的意义内容，引起听话人的注意，表达出语句内容的重要性和紧迫性，以达到移情的语用效果，实现语用目的和交际意图。例如：

（1）我不挑食，什么都可以吃。

（2）不仅仅糖，什么也不许放。

例（1）表示不管条件是任何食品，结果都是"可以吃"，条件和结果对比凸显说话人对于任何食品都能接受，夸张化处理表达出说话人的"不挑食"；例（2）表示条件不仅是糖，也包括除了"糖"之外的事物，结果都是"不许放"，说话人将"不许放"的对象夸张扩大到任何食品，传达给听话人很强的意愿性，以此达到告知的语用目的。

从系统整体性角度看，疑问代词"什么$_1$"表示绝对化指称，经过副词"都""也"的约束，夸张化处理条件对象，来表达说话人的语用意图。例如：

(1) 脸的轮廓，穿的衣服，头发染的颜色，什么都一样。

(2) 这花儿马上就会枯萎，除了褐色的种子荚壳，什么也不会留下。

例（1）通过副词"都"总括"什么$_1$"指称的"脸的轮廓、穿的衣服、头发染的颜色"，表达出说话人印象的深刻；例（2）通过副词"也"类指"什么$_1$"指代的任何物品，属于说话人对事实情况的描写。

从构造和意义的角度看，句式缩减以后，无条件意义附加到疑问代词"什么$_1$"上，句法成分省略为句子语义表达的丰富性创造了条件，比如，说话人可以额外添加其他句法成分，表达更加丰富的意义和情感。例如：

(1) 一旦什么都舍弃不要了，你就一无所有了。

(2) *一旦不管什么都舍弃不要了，你就一无所有了。

例（1）"什么$_1$"类周遍句本身带有让步条件意义，没有连词，可以额外添加副词"一旦"表示额外的假设意义；例（2）带有连词，不能添加额外的副词"一旦"。

从语言系统和现实交际的互动角度出发，条件复句紧缩到周遍句，句式形式缩减，分句间停顿取消，结构形式更紧凑，更加凸显结果分句的语义内容，有效地增强了说话人的语气，更好地表达了主观情绪。例如：

(1) 这个屋子里的东西，不管是什么，都会给你。

(2) *这个屋子里的东西，什么都给你。

例（1）是语义完整的条件复句形式，语义内容完备，句法形式完整，语气委婉；例（2）是句法形式缩减的周遍性主语句形式，语义直接，语气强势。

（四）句式组件的语用功能

1. "什么$_1$"

主语"什么$_1$"的语用功能是通过指代手段，为句子提供有定主语条件对象，和谓语的结果意义相照应，构成陈述和被陈述的关系。例如：

(1) 等他再回来时候，已经人去楼空了，什么都没有了。

(2) 除了包子，什么也买不到了。

例（1）"什么$_1$"指称任何物品，例（2）"什么$_1$"指代"除了包子"的食品，都表示句子的对象条件，和谓语意义相对应。

2. 副词

"什么$_1$"类周遍句中副词的语用功能凸显了不同语气。邵敬敏、赵秀凤（1989）认为"也"语气委婉适用于否定形式；高桥弥守彦（1990）提到"都"表示强调。总体来看，"都"表示强调语气，"也"则表示委婉转折语气。例如：

(1) 我们只好拼命划，用手，用讲义夹，什么都用上了。

(2) 这年头儿，什么也没有大洋钱亲热。

例（1）"都"表示强调语气，强调"什么$_1$"指代的任何物品，结果都是"用上了"；例（2）"也"表示委婉转折语气，表示条件"任何物品"和结果"没有大洋钱亲热"之间的转折关系。

3. 谓语

汉语属于信息尾重型语言，周遍句是典型的信息尾重型句式。句子谓语部分是周遍句的语义重心和语用焦点，原因在于：第一，句中疑问代词定指，表示旧信息，谓语部分表示的是新信息，新信息是说话人一般想要凸显的语义内容；第二，朱德熙（1982）指出疑问代词任指会轻读，根据王萍、王晓雯（2020）从声学、听感两方面对"谁"的韵律表现和特点的调研，发现任指疑问代词有弱读倾向，从语音角度说明了周遍句中疑问代词"什么$_1$"不是句子的语义重心，谓语部分才是句子的语用焦点。例如：

（1）但不能什么商品都盲目进口，什么都是外国的好。

（2）外面的饭菜就是不行，什么也比不了家里的菜香。

例（1）"什么$_1$"轻读，它的意义内容不是句子语义重心，谓语表示结果"是外国的好"，是句子的语义重心和语用焦点，属于说话人重点想要凸显的语义内容；例（2）"什么$_1$"轻读，表明"什么$_1$"不是句子的语用焦点，谓语表示结果"比不了家里的菜香"，是句子的语义重心和语用焦点，属于说话人想要凸显的语义内容。

第三节　"什么$_2$"类周遍句

本小节从句法、语义、语用三个方面对"什么$_2$"类周遍句进行描述和分析，其中"什么$_2$"指代虚拟的、抽象的物体。

一、句法结构

（一）句式的句法结构

"什么$_2$"类周遍句的句法结构是："什么$_2$+都/也+谓语"。句式既有肯定形式，也有否定形式，"什么$_2$"和副词是固定的，谓语是变项。例如：

(1) 随便说，什么都行。

(2) 后来下乡劳动，什么都没做。

(3) 表情要丰富，什么也好，只是别面无表情。

(4) 明知她除了残酷，什么也不会给。

例（1）"什么"指话语，例（2）"什么"指农活，例（3）"什么"指表情，例（4）"什么"指结果，它们都是"什么$_2$"类周遍句，"什么$_2$"和副词是固定的，谓语是变化的，其中，例（1）、例（2）使用了副词"都"，例（3）、例（4）使用副词"也"，例（1）、例（3）是肯定形式，例（2）、例（4）是否定形式。

(二)"什么$_2$"

"什么$_2$"位于句首，是句子的主语，疑问代词放置在句子末尾，是汉语的一种正常现象，位于句首是疑问代词非疑问用法的显性句法标志。例如：

(1) 同学们什么都看，什么都拿来讲。

(2) 看了西医，什么也没查出来。

在例（1）、例（2）中"什么$_2$"是句子的主语。

(三) 副词

"什么$_2$"类周遍句使用的副词有两个："都"和"也"，肯定形式周遍句中"都"占优势，否定形式中"也"占优势。例如：

(1) 他这个人就是话多，什么都往外说。

(2) 他就躺在家里，什么都没做。

(3) 小王记忆力特别好，什么也记得住。

(4) 除了爱，什么也不要。

例（1）、例（2）使用了副词"都"，例（1）是肯定形式，例

(2) 是否定形式；例（3）、例（4）使用副词"也"，例（3）是肯定形式，例（4）是否定形式。

（四）谓语

在"什么₂"类周遍句中，"什么₂"表示抽象的物品，比如，关系、性质、话语等，属于次边缘语义范畴，识别和使用度一般，对谓语的句法要求中等，没有边缘性句法成分充当谓语的情况。

"什么₂"类周遍句的谓语可以由形容词性成分或动词性成分充当。

1. 形容词性成分

"什么₂"类周遍句的谓语可以由形容词或形容词性短语充当。

做谓语的形容词既可以是性质形容词，也可以是状态形容词，常见的形容词包括"难""好""容易""一样"等。例如：

(1) 因为课堂上能听懂，什么也不难。

(2) 他的讲课内容极其枯燥，没有例子，什么都干巴巴的。

例（1）谓语由性质形容词"难"充当；例（2）谓语由状态形容词"干巴巴"充当。

做谓语的形容词性短语类型包括带有补语成分短语和状中关系短语，状中关系短语中状语可以由副词、比较结构、比况结构等充当。例如：

(1) 老师的话好像还在耳边，什么都特别刺耳。

(2) 你跟我说啥都行，什么都比批评好。

(3) 制度新了，待遇新了，什么都好像新了一样。

(4) 朝廷上下一点法度没有，什么都乱得一团糟。

例（1）谓语由状中关系短语"特别刺耳"充当，状语是副词；例（2）谓语由状中关系短语"比批评好"充当，状语是比较结构；例

(3)谓语由状中关系短语"好像新了一样"充当,状语是比况结构;例(4)谓语由带有补语成分的形容词性短语"乱得一团糟"充当。

2. 动词性成分

"什么₂"类周遍句的谓语可以由单个动词或动词性短语充当。由于"什么₂"指抽象的物品,动词相应的意义也偏向于表示抽象的动作,能愿动词的比例最高。

单个动词可以充当句子谓语,主要是动作动词、心理动词、能愿动词、存现动词,判断动词"是",常见的动作动词有:"做""说"等;常见的心理动词有:"关心""在乎"等;常见的能愿动词有:"会";常见的存现动词有:"有"。例如:

(1)他就是乱说话,什么都说。

(2)这个亚诺达心眼小,事业、感情,什么也在乎!

(3)我刚来工厂的时候是个多面手,什么都会。

(4)这一刻委屈、不甘、心酸,什么都有。

(5)他是父亲,是老师,是朋友,什么都是。

例(1)谓语由动作动词"说"充当;例(2)谓语由心理动词"在乎"充当;例(3)谓语由能愿动词"会"充当;例(4)谓语由存现动词"有"充当;例(5)谓语由判断动词"是"充当。

动词性成分的类型包括状中关系短语、动宾关系短语、动补关系短语等,最常见的是状中关系短语。

状中关系短语可以充当句子谓语,状语可以由情态助词、介宾结构、比况助词等充当,最常见的是情态助词充当状语。例如:

(1)那时候军校要求很严,什么都得学。

(2)工厂要注意挑选项目,不能不讲经济效益,什么都往"车"

上挤。

(3) 他只在乎自己，除了自身利益，什么都像旧衣服一样随时可以扔掉。

例(1)谓语由状中关系短语"得学"充当，状语由情态助词"得"充当；例(2)谓语由状中关系短语"往'车'上挤"充当，状语由介宾结构充当；例(3)谓语由状中关系短语"像旧衣服一样随时可以扔掉"充当，状语由比况结构充当。

动宾关系短语可以充当谓语，动词可以是动作动词、心理动词、判断动词"是"、存现动词"有"。例如：

(1) 居然只是通知她来走廊罚站，什么也不告诉她。

(2) 他们要和传统决裂，不喜欢陈词滥调的艺术，什么都爱新鲜。

(3) 说到多爱，即使一齐多久，一分开了，什么也是谎话。

(4) 纵观目前"协会"如林，什么都有"协会"。

例(1)谓语由动宾关系短语"不告诉她"充当，动词是动作动词；例(2)谓语由动宾关系短语"爱新鲜"充当，动词是心理动词；例(3)谓语由动宾关系短语"是谎话"充当，动词是判断动词；例(4)谓语由动宾关系短语"有'协会'"充当，动词是存现动词。

动补关系短语可以充当谓语，补语的类型可以是结果补语、状态补语或可能补语等。例如：

(1) 除了感情，什么都看透了。

(2) 我的生活中除了工作之外，什么都感到平淡无味。

(3) 没有稳定的环境，生意搞不成，合作搞不成，什么也搞不成。

例(1)谓语由动补关系短语"看透了"充当，补语是结果补语；例(2)谓语由动补关系短语"感到平淡无味"充当，补语是状态补语；例（3）谓语由动补关系短语"搞不成"充当，补语是可能补语。

二、语义内容

（一）句式的语义特点

周遍句构式的意义是周遍义，表示不管条件是事件所涉及的任何要素，结果都是具有某种性质、处于某个状态、具有其他谓语表示的结果意义，"什么$_2$"表示抽象的物体，所以"什么$_2$"类周遍句的句式意义可以概括为：不管条件是任何抽象的物体，结果都是具有某种性质、处于某种状态、具有其他谓语表示的结果意义。例如：

（1）我认为所有感情中友情最珍贵，什么都不能代替亲密的友情。

（2）在这方面他总是守口如瓶，什么也不告诉我。

例（1）主语和谓语是条件和结果的关系，句子表示不管条件是任何感情，结果都是"不能代替亲密的友情"；例（2）表示不管条件是任何话语，结果都是"不告诉我"。

（二）"什么$_2$"

"什么$_2$"指代抽象的物体，不是实际存在的物品。"什么$_2$"的意义是根据"什么$_1$"的意义隐喻而来，"什么$_1$"指代具体、实际存在的物品，而"什么$_2$"通过将抽象的话语、工作、关系等比喻成物品，从而产生指称关系，属于次边缘语义范畴。例如：

除了国家明令禁止的产业，什么都可以经营。

例句中"什么$_2$"指代"除了国家明令禁止"之外的任何"产业"，是将"产业"看成一种抽象的物品。

"什么$_2$"的语义特征是有定的，属于全量表达，"什么$_2$"具有指称性，可以是有限的，也可以是无限的。例如：

（1）除了感情，什么都可以放弃。

（2）什么都别说了，我相信你。

例（1）、例（2）中"什么$_2$"属于有定的、全量表达。例（1）"什么$_2$"指"除了感情"之外的情感因素，有范围限制，属于有限任指；例（2）"什么$_2$"替代话语，没有指称范围限制，属于无限任指。

综上所述，"什么$_2$"的语义内容是表示任何抽象的物品，语义属性是有定、有限或无限、全量。

（三）副词

"都"的意义是从总括全部对象的意义中延伸出的，有和"不论、无论、不管"搭配的用法，表示强调。"也"的意义是"表示无论假设成立与否，后果都相同"。例如：

（1）他想说点什么，但是，什么都没说。

（2）他身上没有力气，所以，什么也没做。

例（1）使用副词"都"，表示不管是任何话，结果都是"没说"；例（2）使用副词"也"，表示无论是任何工作，结果都一样是"没做"。

（四）谓语

"什么$_2$"类周遍句的谓语可以由形容词性成分或动词性成分充当。形容词性成分表示事物属性，由于周遍句具有主观性，所以形容词性成分充当谓语的周遍句表示说话人主观认定事物的性质，带有虚拟属性。动词性成分可以是单个动词，也可以是动词性短语。单个动词包括动作动词、心理动词、存现动词、能愿动词、判断动词。其中，动作动词表示实际发生的动作，如果时态是过去时和现在时，那么谓语的意义一般是描述事实情况，带有现实性，如果是将来时，那么表示没有发生的事情，带有虚拟性；心理动词表示人类的内心活动、情感状态；存现动词表示事物存在状态；能愿动词表示说话人对动作情况的判断、期望等；判断动词表示对于事物属性的主观定义，这些动词的意义都带有虚拟属性。动词性短语包括动宾关系短语、动补关系短语、状中关系短语等。其中，动宾关系短语、动补关系短语需要根据动词的意义和时态来判断其属性；而在状中关系短语中，当状语是介宾结构时，需要根据动词进行判断，当状语是情态助词、比况结构时，表示的内容是说话人主观的判断，带有虚拟属性。

综上所述，"什么$_2$"类周遍句谓语的意义既可以是现实的，也可以是虚拟的。

"什么$_2$"类周遍句谓语表示现实意义时，句子对现实事件实际发生情况进行描写，具有较强的客观性。现实意义类谓语只能由动词性成分充当，表示过去或现在发生的动作、行为。例如：

（1）他老实交代了，什么都回答了。

（2）每个厂五脏俱全，什么都干，机械加工、铸、锻、热处理、冲压。

例（1）谓语由动词"回答了"充当，描述已经发生的行为；例（2）谓语由动词"干"充当，表示实际的动作情况。

"什么$_2$"类周遍句谓语表示虚拟意义时，句子是对未发生、想象、假设等虚拟事实情况进行描写，具有较强的主观性。虚拟意义类谓语可以由形容词性成分或动词性成分充当。

句子谓语由形容词性短语充当，是说话人对于事物属性的主观判断，属于虚拟意义范畴。例如：

气氛好尴尬，说点什么吧，什么也好。

例句中谓语由形容词"好"充当,表示话语属性判断,属于虚拟意义范畴。

句子谓语由动词性成分充当,表示虚拟意义,是对未实际发生的动作、行为的描述,对事物属性的判断,或是说话人对于动作进行情况的判断、期望等主观内容的表达。例如:

(1) 失败之后,他变了,地位、声望、名誉,什么都在乎。
(2) 杂念、妄欲,什么都有。
(3) 放开搞活确有"一股风",不管多小的项目,什么都想上。
(4) 当他看开之后,一切杂念都没了,什么都像风一样消逝了。
(5) 金钱、欲望、名利,什么都是假的。
(6) 工厂的制度必须有一个标准,什么都有一个统一的标准,才好组织。
(7) 课上的内容太难了,什么都搞不懂。

例(1)谓语由心理动词"在乎"充当,表示说话人心理状态;例(2)谓语由存现动词"有"充当,表示存在状态意义;例(3)谓语由状中关系短语"想上"充当,表示说话人的主观情态意义;例(4)谓语由状中关系短语"像风一样消逝了"充当,表示比喻的虚拟意义;例(5)谓语由动宾关系短语"是假的"充当,表示属性判断;例(6)谓语由动宾关系短语"有一个统一的标准"充当,表示存在意义;例(7)谓语由动补关系短语"搞不懂"充当,表示心理状态,属于虚拟意义范畴。

(五)语义关系

"什么$_2$"类周遍句中"什么$_2$"表示抽象的物体,句子主谓之间的语义关系类型主要有以下四种:

第一种,"什么$_2$"做受事。受事是动作或行为的对象,句子主谓之间的语义关系是动作的对象和动作之间的关系。例如:

(1) 后来下乡劳动,什么都做过。

(2) 李小月一言不发,什么都没问。

例(1)"什么$_2$"指的是工作,是动作"做过"的对象;例(2)"什么$_2$"指的是话,是动作"问"的对象。

第二种,"什么$_2$"做致事。致事表示引起事件变化的因素,句子主谓的语义关系是引起事件变化的要素和事件的变化情况之间的关系。例如:

(1) 资金周转问题、负债率过高、经营不善,什么都让这家公司举步维艰。

(2) 炒菜、做饭、洗衣,什么都使他劳累。

例(1)"什么$_2$"是引起"这家公司"变成"举步维艰"的因素;例(2)"什么$_2$"是"使他劳累"的原因。

第三种,"什么$_2$"做主事。主事是性质、状态或变化性事件的主体,句子主谓之间语义关系是性质、状态、变化性事件的主体和性质、状态、变化状态之间的关系。例如:

(1) 什么都成,就是不能这么悄悄地运走祖先给我们的遗赠。

(2) 要不,就来玩舞剑,只要不念书,什么都好。

例(1)"什么$_2$"是"成"的主体;例(2)"什么$_2$"是"好"的主体。

第四种,"什么$_2$"做对象。对象是感知动作的目标,句子主谓的语义关系是感知动作和感知行为的目标、对象之间的关系。例如:

(1) 你真的是很了解我的性格,什么都知道。

(2) 我们是粗人，没有规矩，什么也不懂。

例（1）"什么$_2$"指代"我"相关的性格、习惯等，是动词"知道"的对象；例（2）"什么$_2$"指代规矩等，是"懂"的对象。

周遍句主谓之间的语义关系取决于疑问代词，"什么$_2$"指称性一般，其语义角色及句式主谓之间的语义关系的丰富度一般，共有 4 种。由于"什么$_2$"指代对象的语义特点是[-生命]，所以决定了"什么$_2$"偏向充当无自主性、被动性的语义角色。

（六）构式的语义压制

"什么$_2$"类周遍句是一个紧缩构式，一方面，构式存在着句法准入条件，句法结构必须表示性质、状态、结果意义才能充当谓语；另一方面，构式存在着压制现象，进入构式充当谓语会被压制成表示性质、状态、结果意义。

首先，充当"什么$_2$"类周遍句谓语的句法成分都表示性质、状态、结果意义。

形容词性成分的意义是事物的属性或状态，是一种结果，因此，一般都可以充当句子谓语。动词性成分必须体现出性质、状态、结果意义。例如：

(1) 一起聊聊天，说点什么吧，什么都好。

(2) 什么都忘不了，那些场景全记在心里。

例（1）"好"表示事物的性质；例（2）"忘不了"表示动作完成的状态意义。

其次，句法成分进入构式后，被构式压制成表示性质、状态、结果意义。例如：

他承包了所有家务，脏活、累活，什么都干。

例句中谓语"干"表示动作,进入构式后,表示结果处于该状态。

三、语用功能

(一)句式的表达功能

"什么$_2$"类周遍句中"什么$_2$"指代拟物化的性质、关系等,句式可以用于叙事描写或进行演绎论断。

当"什么$_2$"类周遍句进行叙事描写时,句子谓语由表示现实意义的句法成分充当,说话人使用周遍句是对事实内容进行概括说明、总结性描写,偏向于客观。例如:

(1)我今天很累,屋子收拾一遍,什么都做了。

(2)他坦白了,什么都交代了。

例(1)谓语由"做了"充当,表示对事件实际发生情况的描写,偏向于客观性描写;例(2)谓语由"交代了"充当,句子描述了事实情况。

当"什么$_2$"类周遍句用于演绎论断时,偏向于主观,谓语由表示虚拟意义的句法成分充当,周遍句的使用可以有效加强主观性态度的表达效果,比如,增强命令语气等,或凸显说话人的某种情绪,这种情绪既可以是积极的,也可以是消极的。例如:

(1)办错事了就别解释了,什么都别说。

(2)我们商讨的结果就是,什么都可以经营。

(3)有时愣坐在沙发上,两眼发直,什么都不想干。

例(1)表达的内容是说话人的命令,周遍句能够有效增强说话人的语气、语势;例(2)表示说话人对事实情况肯定的态度,是一种积极的情绪;例(3)表明说话人的消极状态,凸显出悲观的情绪。

(二）句式主观性分析

"什么$_2$"类周遍句带有主观性，主要由两个因素促成：①主语疑问代词和谓语之间是条件和结果的关系，这种条件和结果关系的认定，属于说话人"自我"的体现；②绝对化情况的语义内容，周遍句表示没有例外的绝对情况，现实世界不存在绝对化的极端情况，周遍句的语义是说话人为了表示主观情绪，而人为地将事实内容进行夸张化处理的情况。例如：

（1）同学们之间没有禁忌话题，什么都拿来讲。

（2）没有审批合同的项目，什么也别想上。

例（1）表示条件是任何话语，结果是"拿来讲"，句子假设条件和结果之间的关系，属于说话人主观认定的内容，体现了主观性，同时，将"话"的范围扩大到所有对象，属于夸张处理，也体现了较强的主观性；例（2）表示条件是任何经济活动，结果是"别想上"，句子假设条件和结果之间的关系，是说话人主观认定的，经济活动的范围扩大到所有对象，属于夸张处理，都体现出句子较强的主观性。

"什么$_2$"类周遍句既可以进行客观事实描写，也可以表达主观情绪。大部分的"什么$_2$"类周遍句是在叙事描写和演绎论断的连续统中分布，句子的主观性强度也不相同。在"什么$_2$"类周遍句中，谓语表示现实意义的句子主观性弱于谓语表示虚拟意义的句子。"什么$_2$"可以是有限指称，也可以是无限指称，有限指称的"什么$_2$"由于带有指称意义，主观性弱一点，所以，有限的"什么$_2$"类周遍句的主观性弱于无限的"什么$_2$"类周遍句。综上所述，"什么$_2$"类周遍句主观性强度的连续统如下：

不同类型的"什么$_2$"类周遍句主观性强度不相同，例如：

客观性最强　　有限的"什么$_2$"类（现实意义类）

⬇　　　　　无限的"什么$_2$"类（现实意义类）

　　　　　　有限的"什么$_2$"类（虚拟意义类）

主观性最强　　无限的"什么$_2$"类（虚拟意义类）

(1) 婚姻、生活、学习，什么都说了点。

(2) 什么都学了，就是没有掌握那么好。

(3) 她有点笨，除了擦地，什么都不会。

(4) 她只想一个人静静，什么都不想说。

例（1）"什么$_2$"指话题，有指称范围限制，谓语"说了点"是对发生动作的描述，是有限的现实意义类；例（2）"什么$_2$"指课程、技能等，没有指称范围，谓语"学了"表示已经发生的动作，是无限的现实意义类；例（3）"什么$_2$"指"除了擦地"之外的家务，有指称范围限制，谓语"不会"表示主观的能力，属于有限的虚拟意义类；例（4）"什么$_2$"指任何话语，没有指称范围限制，谓语"不想说"表示说话人的主观态度，属于无限的虚拟意义类。从例（1）到例（4）的主观性是逐渐增强的。

（三）语用效果分析

"什么$_2$"类周遍句语用效果表达依靠的手段是对比和夸张。首先，通过条件分句和结果分句的对比，凸显谓语部分的意义内容；其次，以夸张化手段处理条件部分，反衬谓语的意义内容，引起听话人的重视和注意，表达出语句内容的重要性和紧迫性，达到移情的语用效果，以实现语用目的和交际意图。例如：

(1) 他这个人很随便，什么都能说。

（2）我体力好，什么都可以做。

例（1）表示不管条件是任何话语，结果都是"能说"，条件和结果对比凸显说话人对于任何话语都能接受，夸张化处理凸显说话人的特点；例（2）表示不管条件是任何工作，结果都是"可以做"，说话人将"可以做"的对象夸张扩大到任何工作，传达给听话人很强的意愿性，以此表达说话人的积极。

从系统整体性角度看，疑问代词"什么$_2$"表示绝对化指称，经过副词"都""也"的约束，夸张化处理条件对象，来表达说话人的语用意图。例如：

（1）什么都想做，就是不行动。

（2）我对这个人没有印象，什么也想不起来。

例（1）通过副词"都"总括"什么$_2$"指称的任何工作，表示说话人的想法和实际的差别，凸显说话人的懒惰；例（2）通过副词"也"类指"什么$_2$"指代的"印象"，属于说话人对事实情况的描写。

从构造和意义的角度看，句式缩减以后，说话人可以额外添加其他句法成分，表达更加丰富的意义和情感。例如：

（1）假如什么都说出去，我可不敢告诉你真相。

（2）*假如不管什么都说出去，我可不敢告诉你真相。

例（1）"什么$_2$"类周遍句本身带有让步条件意义，没有连词，可以额外添加连词"假如"表示额外的假设意义；例（2）带有连词，不能添加额外的连词"假如"。

从语言系统和现实交际的互动角度出发，句式形式缩减能够有效地增强说话人的语气、语势，凸显结果分句的语义内容，更好地表达说话人的主观情绪。例如：

（1）不管是什么，都会说给你听。

（2）什么都会说给你听。

例（1）是语义完整的条件复句形式，语义内容完备，句法形式完整，语气委婉；例（2）是句法形式缩减的周遍句形式，语义直接，语气强势。

（四）句式组件的语用功能

1. "什么$_2$"

"什么$_2$"类周遍句中"什么$_2$"通过指称为句子提供有定主语条件对象，和谓语的结果意义相照应，构成陈述和被陈述的关系。例如：

（1）巧克力只是蹲在那儿，什么都不做，就会让人觉得它好可爱。

（2）除了怅然，什么都不剩下。

例（1）"什么$_2$"代替任何活动；例（2）"什么$_2$"代替"除了怅然"之外的任何情绪。例（1）和例（2）都是句子的有定主语条件对象，和谓语结果意义相照应。

2. 副词

"什么$_2$"类周遍句中的副词凸显了不同语气，"都"表示强调语气，"也"则表示委婉转折语气。例如：

（1）你就安安静静躺着就好，什么都不用干。

（2）可是话到了嘴边，什么也说不出来了。

例（1）"都"表示强调语气，条件是"什么$_2$"指代的任何家务，强调结果都是"不用干"；例（2）"也"表示委婉转折语气，表示了条件"话"和结果"说不出来"之间的转折关系。

3. 谓语

汉语属于信息尾重型语言，"什么$_2$"类周遍句也是典型的信息尾重型句式，谓语部分是句子的语义重心和语用焦点。例如：

什么都没有了，只剩下不甘心。

例句中"什么$_2$"轻读，"没有了"是句子的语用重心，是说话人想要凸显的语义内容。

第四节　"什么$_3$"类周遍句

本小节从句法、语义、语用三个方面对"什么$_3$"类周遍句进行描述分析，"什么$_3$"指称意义弱化，凸显任指意义来表示说话人的意愿、情绪等主观性内容。

一、句法结构

（一）句式的句法结构

"什么$_3$"类周遍句的句法结构是："什么$_3$+都/也+谓语"。句式既有肯定形式，也有否定形式。疑问代词和副词部分是固定的，谓语是变项。例如：

（1）不少人认为，年纪大了，什么都可以随便。

（2）止观法门，什么都不想。

（3）什么也可能发生。

（4）什么也不在乎了。

例（1）、例（2）、例（3）、例（4）中"什么$_3$"指称性都比较弱，可以指任何事情，都属于"什么$_3$"类周遍句，"什么$_3$"和副词是固定的，谓语是变化的。其中，例（1）、例（2）使用了副词"都"，例（1）是肯定形式，例（2）是否定形式；例（3）、例（4）使用了副词"也"，例（3）是肯定形式，例（4）是否定形式。

（二）"什么₃"

"什么₃"位于句首，是句子的主语，疑问代词放置在句子末尾，是汉语的一种正常现象，位于句首是疑问代词非疑问用法的显性句法标志。例如：

(1) 什么也不会发生了。

(2) 什么都扰乱不了她的心。

例（1）、例（2）中"什么₃"都是句子的主语。

（三）副词

"什么₃"类周遍句使用的副词有两个："都"和"也"。肯定形式周遍句中"都"占优势，否定形式中"也"占优势。例如：

(1) 你决定就行，什么都好。

(2) 什么都没发生。

(3) 什么也可能发生。

(4) 什么也不想了，放弃了。

例（1）、例（2）使用了副词"都"，例（1）是肯定形式，例（2）是否定形式；例（3）、例（4）使用副词"也"，例（3）是肯定形式，例（4）是否定形式。

（四）谓语

"什么₃"的意义比较虚化，指称性弱，属于边缘语义范畴，最不容易被人识别和使用，例句数量最少，对谓语的句法要求是"什么"类周遍句中最高的。

"什么₃"类周遍句的谓语可以由形容词性成分或动词性成分充当。

1. 形容词性成分

"什么₃"类周遍句的谓语可以由形容词或形容词性短语充当。

形容词可以充当句子谓语，既可以是性质形容词，也可以是状态形容词，常见形容词包括"好""难"等。例如：

(1) 心情好，什么都好。

(2) 他天天喝酒，脑袋就不清楚，什么都糊里糊涂。

例（1）谓语由性质形容词"好"充当；例（2）谓语由状态形容词"糊里糊涂"充当。

做谓语的形容词性短语类型主要是状中关系短语。例如：

(1) 没有钱，什么都特别难。

(2) 心情不好，什么也好像不好了。

例（1）谓语由状中关系短语"特别难"充当，状语是副词；例（2）谓语由状中关系短语"好像不好了"充当，状语是比况结构。

2. 动词性成分

"什么₃"类周遍句的谓语可以由动词或动词性短语充当。由于"什么₃"指称性较弱，动词的意义偏向于事件性，比如"发生""改变""决定"等。

动词可以充当句子谓语，包括动作动词、心理动词等，常见动作动词包括"发生""做"等，常见的心理动词包括"想""在乎"等。例如：

(1) 什么都发生了，改变不了。

(2) 人一无聊脑子里就会走马观花，什么都想。

例（1）谓语由动作动词"发生"充当；例（2）谓语由心理动词"想"充当。

做谓语的动词性短语包括状中关系短语、动补关系短语、动宾关系短语等,最常见的是状中关系短语。

状中关系短语可以充当句子谓语,状语可以由副词、情态助词、介宾结构等充当,最常见的是情态助词充当状语。例如:

(1) 只要姬丝肯离婚,什么都容易解决。

(2) 什么都可能发生。

(3) 什么都由巴黎来决定。

例(1)谓语由状中关系短语"容易解决"充当,状语由副词充当;例(2)谓语由状中关系短语"可能发生"充当,状语由情态助词充当;例(3)谓语由状中关系短语"由巴黎来决定"充当,状语由介宾结构充当。

动补关系短语可以充当谓语,补语的类型可以是结果补语或可能补语等。例如:

(1) 什么都来不及了。

(2) 什么都考虑得很周到,就是不问我想干什么。

例(1)谓语由动补关系短语"来不及"充当,补语是可能补语;例(2)谓语由动补关系短语"考虑得很周到"充当,补语是结果补语。

动宾关系短语可以充当谓语,动词可以是动作动词,判断动词"是",存现动词"有"。例如:

(1) 什么也不求人,一心念佛。

(2) 什么都是天定的。

(3) 什么都有定数的,人是改变不了的。

例(1)谓语由动宾关系短语"不求人"充当,动词是动作动词

79

"求";例(2)谓语由动宾关系短语"是天定的"充当,动词是判断动词"是";例(3)谓语由动宾关系短语"有定数"充当,动词是存现动词"有"。

二、语义内容

(一)句式的语义特点

周遍句构式的意义是周遍义,表示不管条件是事件所涉及的任何要素,结果都是具有某种性质、处于某种状态、具有其他谓语表示的结果意义,"什么$_3$"语义内容比较虚化,主要凸显任指性意义来表达主观性的内容,所以"什么$_3$"类周遍句的句式意义可以概括为:不管条件是任何事情,都会产生一定的结果,以任指意义来凸显说话人的意愿、情绪等主观性内容。例如:

(1)只要你同意,什么都好办。

(2)什么也不行,都来不及了。

例(1)主语和谓语是条件和结果的关系,表示不管任何事情,结果都是"好办",凸显说话人积极的态度;例(2)表示不管任何事情,结果都处于"不行"状态,凸显说话人的焦虑、不安等悲观情绪。

(二)"什么$_3$"

"什么$_3$"指称性弱化,体现更多的是任指意义,来表达说话人的态度、情感等主观性内容,属于边缘语义范畴。例如:

(1)固执到你和他在一起必须放弃自己,什么都得听他的。

例(1)"什么$_3$"指任何事情,凸显说话人的失望、悲观等情绪。

"什么$_3$"的语义特征是有定的,属于全量表达。"什么$_3$"的意义比较虚化,必须是无限的。例如:

(1) 什么都由族长决定，这是祖训。

(2) 什么也不在乎了，对他来说都无所谓了。

例（1）、例（2）中"什么$_3$"都是有定的，属于全量表达，都没有范围限制，属于无限任指。

综上所述，周遍句中"什么$_3$"的语义内容凸显任指意义，语义属性是有定、无限、全量的。

（三）副词

"都"的意义是从总括全部对象的意义中延伸出的，有和"不论、无论、不管"搭配的用法，表示强调。"也"的意义是"表示无论假设成立与否，后果都相同"。例如：

(1) 什么都过去了，都忘了吧。

(2) 什么也会发生。

例（1）使用副词"都"，表示不管是任何事情，结果都是"过去了"；例（2）使用副词"也"，表示无论是任何事情，结果都一样是"会发生"。

（四）谓语

"什么$_3$"类周遍句的谓语可以由形容词性成分或动词性成分充当。形容词性成分表示事物的属性，由于周遍句具有主观性，所以形容词性成分充当谓语的周遍句表示说话人主观认定的事物性质，带有虚拟属性。动词性成分可以是单个动词，也可以是动词性短语，单个动词包括动作动词、心理动词。其中，动作动词表示实际发生的动作，如果时态是过去时和现在时，那么谓语的意义一般是描述事实情况，带有现实性，如果是将来时，那么表示没有发生的事情，带有虚拟性；心理动词表示人类的内心活动、情感状态，带有虚拟属性。动词性短语包括动宾关系短语、动补关系短语、状中关系短语等。其中，动宾关系短语、动补关系短语需要根据动词的意义和时态来判断其属性；而状中关系短语中，当状语是副词、介宾结构时，需要根据动词进行判断，当状语是情态助词、比况结构时，表示的内容是说话人主观的判断，带有虚拟属性。

综上所述，"什么$_3$"类周遍句谓语的意义既可以是现实的，也可以是虚拟的。

当"什么$_3$"类周遍句谓语表示现实意义时，句子对现实事件实际发生情况进行描写，具有较强的客观性。现实意义类谓语只能由动词性成分充当，表示过去或现在发生的动作、行为。例如：

什么都发生了，你不可能抵赖。

例句中谓语由动词性短语"发生了"充当，句子描述的是现实情况。

当"什么$_3$"类周遍句谓语表示虚拟意义时，句子是对未发生、想象、假设等虚拟事实情况进行描写，或是说话人对事件性质的判断，具有较强的主观性。虚拟意义类谓语可以由形容词性成分或动词性成分充当，表示对事物属性的判断，未实际发生的动作、行为的描述，或是说话人对于动作进行情况的判断、期望。例如：

（1）他看着我。什么都很渺茫，我也知道。

（2）她更横下一条心，什么也不在乎。

例（1）谓语由形容词"渺茫"充当，表示性质认定，凸显说话人的悲观情绪，具有虚拟意义；例（2）谓语由动词性短语"不在乎"充当，表示说话人的心理活动和态度，具有虚拟属性。

（五）语义关系

"什么₃"类周遍句中"什么₃"凸显任指意义，语义虚化，句子主谓之间的语义关系类型主要有以下三种：

第一，"什么₃"做受事。受事是动作或行为的对象，句子主谓之间的语义关系是动作的对象和动作之间的关系。例如：

什么都不会改变。

例句中"什么₃"指任何事情，是动作"改变"的受事。

第二，"什么₃"做对象。对象是感知动作的目标，句子主谓的语义关系是感知动作和感知行为的目标、对象之间的关系。例如：

什么也不想，只想一个人待着。

例句中"什么₃"指任何事情，是动作"想"的对象。

第三，"什么₃"做主事。主事是性质、状态、变化性事件的主体，句子主谓之间语义关系是性质，状态、变化性事件的主体和性质，状态、变化状态之间的关系。例如：

（1）什么都来不及了。

（2）那个临时建立的朝廷，什么都乱糟糟的。

例（1）"什么₃"是"来不及"的主体；例（2）"什么₃"是"乱糟糟"的主体。

周遍句主谓之间的语义关系取决于疑问代词，"什么₃"指称性最弱，其语义角色及句式主谓之间的语义关系类型是所有"什么"类周遍句中最少的，只有三种。由于"什么₃"指代对象虚化，决定了"什么₃"偏向充当被动性、被描述性的语义角色。

（六）构式的语义压制

"什么₃"类周遍句是一个紧缩构式。一方面，构式存在着句法准入条件，句法结构必须表示性质、状态、结果意义才能充当谓语；另一方面，构式存在着压制现象，进入构式充当谓语的句法成分会被构式压制成表示性质、状态、结果意义。

首先，充当"什么₃"类周遍句谓语的句法成分都表示性质、状态、结果意义。

形容词性成分的意义是事物的属性或状态，是一种结果，因此，一般都可以充当句子谓语。动词性成分必须体现出性质、状态、结果意义。例如：

(1) 什么都不好。

(2) 什么也好解决，只要你诚心。

例（1）"不好"表示事物的性质；例（2）"好解决"表示说话人对动作发生情况的结果预估。

其次，句法成分进入构式后，被构式压制变成表示性质、状态、结果意义。例如：

什么都发生了，我无能为力。

例句中谓语"发生了"表示动作进行的情况，进入构式后，表示处于该动作进行的状态。

三、语用功能

（一）句式的表达功能

"什么₃"类周遍句"什么₃"指称意义虚化，句子可以用于叙事描写或进行演绎论断。

当"什么₃"类周遍句进行叙事描写时，句子谓语由表示现实意义的句法成分充当，说话人使用周遍句是对事实内容进行概括说明、总结性描写，偏向于客观。例如：

什么都发生了，就别懊恼了。

例句中谓语由"发生"充当，说话人使用周遍句对事件实际发生情况的描写偏向于客观性描写。

当"什么$_3$"类周遍句用于演绎论断时，偏向于主观，主要用来表达说话人的主观情绪，谓语由表示虚拟意义的句法成分充当。例如：

他简直笨死了，什么都得我现告诉。

例句中以"什么$_3$"任指意义凸显谓语的结果意义"得我现告诉"，表达了说话人的不耐烦等负面情绪。

"什么$_3$"类周遍句语用功能实现的关键因素是"什么$_3$"的指称意义。叙事描写类周遍句利用"什么$_3$"进行总括总结，避免啰唆；演绎论断类周遍句利用"什么$_3$"的极端语义内涵，凸显说话人的主观意愿和情绪。句式的语用功能都是围绕疑问代词"什么$_3$"为核心而展开的，由于"什么$_3$"虚化程度高，指称性弱，主观性强，所以"什么$_3$"类周遍句的语用功能更偏向于进行演绎论断。

（二）句式主观性分析

"什么$_3$"类周遍句带有主观性，主要由两个因素促成：①主语疑问代词和谓语之间的条件和结果的关系认定，是说话人主观确定的；②疑问代词"什么$_3$"表示没有例外的绝对化情况，是说话人主观夸张处理的结果。和"什么$_1$""什么$_2$"相比较而言，"什么$_3$"的指称意义弱，任指意义凸显更强，主观性也就更强。例如：

什么都是天定，我们不能改变。

例句中"什么$_3$"指任何事情，条件和结果关系之间的认定、对象范围的夸张化处理都体现了较强的主观性。

"什么₃"类周遍句可以进行客观事实描写，也可以表达主观情绪，大部分的"什么₃"周遍句都是在叙事描写和演绎论断的连续统中分布的，句子主观性强度也不相同。在"什么₃"类周遍句中，谓语表示现实意义的句子主观性弱于谓语表示虚拟意义的句子，综上所述，"什么₃"类周遍句主观性强度的连续统如下：

客观性最强　　无限的"什么₃"类（现实意义类）

⬇

主观性最强　　无限的"什么₃"类（虚拟意义类）

不同类型的"什么₃"类周遍句主观性强度不相同，例如：

(1) 什么都发生了，强求也没用。

(2) 什么也不想要，只想睡一会。

例（1）谓语"发生了"表示已经发生的事实，属于现实意义类；例（2）谓语"不想要"表示说话人的主观意愿，具有虚拟性，属于虚拟意义类。相比较而言，例（2）比例（1）的主观性更强一些。

（三）语用效果分析

"什么₃"类周遍句语用效果表达依靠的手段是对比和夸张。首先，通过条件分句和结果分句的对比，凸显谓语部分的意义内容；其次，以夸张化手段处理条件部分，反衬谓语的意义内容，引起听话人的重视和注意，表达出语句内容的重要性和紧迫性，达到移情的语用效果，以实现语用目的和交际意图。例如：

(1) 什么都随便，就没有你在乎的事情。

(2) 什么也不是随随便便就能完成的，都是需要经过努力才行。

例（1）表示不管条件是任何事情，结果都是"随便"，条件和结果对比凸显说话人对听话人态度的不满；例（2）表示不管条件是任何事件，结果都是"不是随随便便就能完成的"，说话人将对象夸张扩大到任何事情，传达给听话人很强的紧迫性。

从系统整体性的角度看，疑问代词"什么$_3$"表示绝对化指称，经过副词"都""也"的约束，夸张化处理条件对象，来表达说话人的语用意图。例如：

（1）什么都不想了，只想一个人静一静。

（2）什么也影响不了他。

例（1）通过副词"都"总括"什么$_3$"指称的任何事情，表示出说话人的烦躁；例（2）通过副词"也"类指"什么$_3$"，凸显"他"的坚定。

从构造和意义的角度看，句式缩减以后，说话人可以额外添加其他句法成分，表达更加丰富的意义和情感。例如：

（1）只要什么都没发生，你就可以走了。

（2）*只要不管什么都没发生，你就可以走了。

例（1）"什么$_3$"类周遍句本身带有让步条件意义，没有连词，可以额外添加连词"只要"，表示额外的假设意义；例（2）带有连词，不能添加额外的连词"只要"。

从语言系统和现实交际的互动角度出发，句式形式缩减能够有效地增强说话人的语气、语势，凸显结果分句的语义内容，更好地表达说话人的主观情绪。例如：

（1）不管是什么，都没有了。

（2）什么都没有了。

例（1）是语义完整的条件复句形式，语义内容完备，句法形式完整，语气委婉；例（2）是句法形式缩减的周遍句形式，语义直接，语气强势。

（四）句式组件的语用功能

1. "什么₃"

"什么₃"类周遍句中"什么₃"主要凸显任指意义，和谓语形成对比，构成陈述和被陈述的关系，以此表达说话人的情绪、意愿等。例如：

什么都可以马虎，可不是这么个马虎法。

例句中"什么₃"的语用功能是凸显任指意义，和"可以马虎"形成对比，表达说话人的气愤。

2. 副词

"什么₃"类周遍句中的副词凸显了不同语气，"都"表示强调语气，"也"则表示委婉转折语气。例如：

（1）什么都放弃了，你还有什么呢？

（2）什么也来不及了。

例（1）"都"表示强调语气，强调在条件是任何事情的情况下，结果都是"放弃了"；例（2）"也"表示委婉语气，表示了条件"什么₃"和结果"来不及了"之间的转折关系。

3. 谓语

汉语属于信息尾重型语言，"什么₃"类周遍句也是典型的信息尾重型句式，谓语部分才是句子的语义重心和语用焦点。例如：

什么都不行，说什么也没有用了。

例句中"什么₃"轻读，"不行"是句子的语用重心，是说话人想要凸显的语义内容。

通过以上的综合分析和比较,可以发现在"什么"类周遍句中,由"什么$_1$"发展成"什么$_3$"后,指称性逐渐弱化,任意性增强,导致三类句式在句法、语义、语用方面表现出差异性。在句法方面,对句子谓语的句法要求逐渐提高,充当谓语的句法成分类型减少,一些边缘性句法成分只能充当"什么$_1$"类周遍句的谓语,不能进入"什么$_2$"和"什么$_3$"类周遍句;语义方面,谓语意义从现实意义向虚拟意义过渡,疑问代词的语义角色、句子主语和谓语之间的语义关系类型逐渐减少,由七种减到三种;语用方面,句式主观性逐渐增强,由客观性强的叙述描写功能向主观性强的演绎论断功能发展。

第三章

指人物的疑问代词类周遍性主语句

指人物的疑问代词类周遍性主语句是指由指人物的疑问代词充当主语的周遍句，我们以"谁"类周遍句为代表展开探讨。"谁"类周遍句指主语由疑问代词"谁"充当，搭配副词"都/也"和谓语构成表示周遍义的句子，例如：

(1) 无论是教师还是学生，谁都可以到梁家去借书看。
(2) 这个结估计想解开困难了，谁都不为了谁活着。
(3) 赵高、孙七不敢上去，谁也一样，不愿打这风阵。
(4) 效用是一种心理感觉，谁也不能钻到谁的肚里去看个明白。

例(1)、例(2)、例(3)、例(4)都是由疑问代词"谁"充当句子主语，句子表达周遍意义。例(1)、例(2)使用副词"都"，例(3)、例(4)使用副词"也"。

第一节 "谁"类周遍句的分类

以疑问代词的虚化程度为标准，可以将周遍句进行微观分类，由于

"谁"表示指人意义，其隐喻性不强，没有发展出扩展意义，所以，我们将"谁"类周遍句分成两个类型：

第一，词汇成分型"谁₁"类周遍句，"谁₁"虚化程度低，表示基础语义内容，指称具体存在的、实际的人物，属于原型语义范畴，指称性较强，主观性较弱。例如：

（1）他们不停互相谩骂、攻击，谁都好像疯了一样。

（2）但是大家除了买些生活必需品，谁都没买别的。

例（1）属于"谁₁"类周遍句，"谁₁"指代"他们"中任何一个具体的人，句子指称性最强；例（2）属于"谁₁"类周遍句，"谁₁"主要发挥指称功能，指代"大家"中任何一个具体的人。

第二，任指意义型"谁₂"类周遍句，"谁₂"虚化程度高，指称虚化的人物，主要凸显任指意义，表示说话人的情绪、态度等主观性内容，属于边缘性语义范畴，客观性弱，主观性强。例如：

（1）只要有爱心，谁都是活雷锋。

（2）谁也救不了我了。

例（1）属于"谁₂"类周遍句，"谁₂"指称对象不明确，表示抽象的人，凸显任指意义，来表达说话人的积极情绪；例（2）也是属于"谁₂"类周遍句，"谁₂"同例（1）一样，指称虚化的人物，任指意义较强，凸显说话人的悲观情绪。

"谁₁"和"谁₂"的区别在于："谁₁"指具体的人，"谁₂"虚指一个人来表示主观性内容。根据它们的意义和用法特点，我们可以用表示具体事件的结构"去公园了"的形式进行区分，即"谁₁"可以跟"去公园了"等结构组合成主谓结构，它所引导的周遍句就是"谁₁"类周遍句；而"谁₂"则不可以，它所引导的周遍句就是"谁₂"类周遍句。

1. 谁₁可以进入"去公园了"：

   谁₁ + 去公园了 → 谁₁去公园了

2. 谁₂不可以进入"去公园了"：

   谁₂× 去公园了

"谁"类周遍性主语句中，只有表示具体人物意义的"谁₁"才能够进入表示具体语义事件的结构"去公园了"；抽象人物意义的"谁₂"不能进入表示具体语义事件的结构"去公园了"。例如：

（1）大家听完财务报告之后，谁都不说话了。

（2）浪子回头，谁都可以。

例（1）"谁₁"指"大家"中任何一个具体的人，可以进入表示具体的语义事件的句子"谁都去公园了"，属于"谁₁"类周遍句；例（2）"谁₂"虚指任何一个人，不能进入表示具体事件的句子"谁都去公园了"，属于"谁₂"类周遍句。

"谁"的虚化程度影响着整个周遍句，两种"谁"类周遍句在句法、语义、语用等方面都表现出差异性，比如，对谓语的句法要求提高、主谓之间的语义关系类型减少、语用功能从客观性描写向主观性表达过渡等，对这些问题的详细探讨在后续章节展开。

第二节　"谁₁"类周遍句

本小节从句法、语义、语用三个方面对"谁₁"类周遍句进行描述和分析，其中"谁₁"指称具体的、实际存在的人。

<<< 第三章 指人物的疑问代词类周遍性主语句

一、句法结构

（一）句式的句法结构

"谁₁"类周遍句的句法结构是："谁₁+都/也+谓语"，疑问代词"谁₁"和副词部分是固定的，谓语部分是变项。句式既有肯定形式，也有否定形式。例如：

（1）刚刚大家就说到巴菲特投资不需要高等数学，谁都可以学。

（2）大家写完汇报以后，谁都不说话了。

（3）大家都没吃饭，谁也想你早点回来。

（4）人群攒动，可是在电影院开始售票的时候，谁也不买票。

例（1）、例（2）、例（3）、例（4）中"谁"都指具体的、实际存在的人，它们都是"谁₁"类周遍句，"谁₁"和副词是固定的，谓语是变化的。其中例（1）、例（2）使用了副词"都"，例（3）、例（4）使用了副词"也"；例（1）、例（3）是肯定形式，例（2）、例（4）是否定形式。

（二）"谁₁"

"谁₁"位于句首，是句子的主语，疑问代词放置在句子末尾，是汉语的一种正常现象，位于句首是疑问代词非疑问用法的显性句法标志。例如：

（1）柳真清的古怪早已闻名沔水镇，谁也不与她计较。

（2）我们致力于对付天魔教，谁都不争什么。

例（1）"谁₁"代表"沔水镇"任何具体的人物，是句子的主语；例（2）"谁₁"代表"我们"中任何一个具体的人，也是句子的主语。

（三）副词

"谁₁"类周遍句使用的副词有两个："都"和"也"。副词"都"在肯定形式中占优势，"也"在否定形式中占优势。例如：

（1）他们在国外玩了三天，谁都把钱花光了以后才回来的。

（2）家里这么多的人，谁都不想你出事。

（3）一家人本来就不和睦，谁也想分开过，各自成家。

（4）他们瞒着家里人出去玩，谁也不知道他们去了哪儿。

例（1）、例（2）使用了副词"都"，例（1）是肯定形式，例（2）是否定形式。例（3）、例（4）使用副词"也"，例（3）是肯定形式，例（4）是否定形式。

（四）谓语

"谁₁"指称具体的人物，属于基本语义范畴，最容易被人识别，所以，"谁₁"类周遍句的数量最多，对谓语的句法要求最低，甚至一些边缘性的句法成分也可以有限地充当句子谓语。

"谁₁"类周遍句的谓语可以由形容词性成分或动词性成分充当。

1. 形容词性成分

"谁₁"类周遍句的谓语可以由形容词或形容词性短语充当。

做谓语的形容词既可以是性质形容词，也可以是状态形容词，最常出现的形容词包括"一样""好""容易"等。例如：

（1）本王不想再听到对王妃不敬的话语，谁都一样。

（2）家里缺水好几天了，谁都干巴巴的。

例（1）谓语由性质形容词"一样"充当；例（2）谓语由状态形容词"干巴巴"充当。

做谓语的形容词性短语类型包括带有补语成分短语和状中关系短

语，状中关系短语中状语可以由副词、介宾结构、比较结构、比况结构等充当，例如：

(1) 小朋友们吃得好，睡得好，谁都非常健康。

(2) 他在厂子里人脉广，谁都和他好。

(3) 一年没学习，他在班级里成绩倒数第一，谁都比他强。

(4) 他们不停互相谩骂、攻击，谁都好像疯了一样。

(5) 冰雪覆盖了小镇，家家大门紧闭，谁都冷得不想动了。

例（1）谓语由状中关系短语"非常健康"充当，状语是副词"非常"；例（2）谓语由状中关系短语"和他好"充当，状语是介宾结构；例（3）谓语由状中关系短语"比他强"充当，状语是比较结构；例（4）谓语由状中关系短语"好像疯了一样"充当，状语是比况结构；例（5）谓语由带有补语成分的短语"冷得不想动了"充当。

除了一般的形容词性成分之外，表示状态、性质等结果意义的名词性词组、表示性质意义的成语等成分也可以有限地充当句子的谓语，实际语料较少。例如：

(1) 其实不只是你，谁都一个样。

(2) "太湖当治"，谁都心似明镜，但治太是要牺牲局部利益的。

例（1）谓语由名词词组"一个样"充当，表示状态意义，相当于形容词"一样"；例（2）谓语由成语"心似明镜"充当，表示状态意义。

2. 动词性成分

"谁₁"类周遍句谓语可以由单个动词或动词性短语充当。

谓语可以由单个动词充当，主要类型包括动作动词、心理动词、存现动词、趋向动词、能愿动词，常见的动作动词包括"吃""做"等；

95

常见的心理动词包括"喜欢""怕""怨""想""知道"等；常见的存现动词是"有"；常出现的趋向动词是"去"；常见的能愿动词包括"能""可以""可能"等。例如：

（1）除了不懂事的低班小鬼和像阿克莱这类什么都不吃的家伙以外，谁都吃。

（2）班级追求她的人很多，谁也喜欢。

（3）大家都是普通人，愿望、梦想、重要的事，谁都有。

（4）老王去了，老张去了，谁都去了。

（5）记录就是被人打破的，只要大家有本事，谁都可以。

例（1）谓语由动作动词"吃"充当；例（2）谓语由心理动词"喜欢"充当；例（3）谓语由存现动词"有"充当；例（4）谓语由趋向动词"去"充当；例（5）谓语由能愿动词"可以"充当。

动词性短语可以充当句子谓语，包括状中关系短语、动宾关系短语、动补关系短语、兼语结构短语等，最常见的是状中关系短语。

状中关系短语可以充当句子谓语，状语可以由副词、情态助词、"把"字结构、被动结构、介宾结构、比较结构、比况结构等充当，最常见的是情态助词充当状语。例如：

（1）公社里的人都不愿意干活，一到上工时间，谁都千方百计地躲开。

（2）到时各人把各人的拿走，谁也不会乱动旁人的东西。

（3）咱们家族这么多人，谁都把我当成坏人，我没法待下去了。

（4）他们跑步速度差不多，谁也没被甩开太远。

（5）小兄弟俩在班级里特别受欢迎，谁都愿意和他们一起玩耍。

（6）家里就我爸酒量最小，谁都比他喝得多。

(7) 一输球了，酒吧里面就没有欢声笑语了，谁都好像丢了魂似的。

例（1）谓语由状中关系短语"千方百计地躲开"充当，状语是副词；例（2）谓语由状中关系短语"不会乱动旁人的东西"充当，状语是情态助词；例（3）谓语由状中关系短语"把我当成坏人"充当，状语是"把"字结构；例（4）谓语由状中关系短语"没被甩开太远"充当，状语是被动结构；例（5）谓语由状中关系短语"愿意和他们一起玩耍"充当，状语是介宾结构；例（6）谓语由状中关系短语"比他喝得多"充当，状语是比较结构；例（7）谓语由状中关系短语"好像丢了魂似的"充当，状语是比况结构。

动宾关系短语可以充当句子谓语，动词可以是动作动词、心理动词、判断动词"是"、存现动词"有"。例如：

（1）村里非常热闹，谁都议论着今天发生的事。

（2）村民穷怕了，谁都喜欢钱，一心只想要赚钱。

（3）班级成了欢乐的海洋，谁都是个快乐的孩子。

（4）米卢反驳说："我不认为有什么优势，包括其他教练，谁也没有优势。"

例（1）谓语由动宾关系短语"议论着今天发生的事"充当，动词是动作动词"议论"；例（2）谓语由动宾关系短语"喜欢钱"充当，动词是心理动词"喜欢"；例（3）谓语由动宾关系短语"是个快乐的孩子"充当，动词是判断动词"是"；例（4）谓语由动宾关系短语"没有优势"充当，动词是存现动词"有"。

动补关系短语可以充当谓语，补语可以是可能补语或结果补语等，常见动词包括"看""去"等。例如：

97

（1）公司每个人都有活在手上，谁也去不了。

（2）我们是如此接近胜利了，谁都看得清楚。

例（1）谓语由动补关系短语"去不了"充当，补语是可能补语；例（2）谓语由动补关系短语"看得清楚"充当，补语是结果补语。

兼语结构短语可以充当句子谓语，常见动词是"让"。例如：

家里人怕她累，谁都不让她干活。

例句中谓语由兼语结构短语"不让她干活"充当。

除了一般的动词性短语之外，表示结果意义的紧缩结构、小句结构也可以有限地充当谓语，语料较少。例如：

（1）三班老师教得好，谁都一学就会，班级成绩名列前茅。

（2）大家全都惊呆了，谁都一句话也说不出来。

例（1）谓语由紧缩结构"一学就会"充当；例（2）谓语由小句结构"一句话也说不出来"充当。

二、语义内容

（一）句式的语义特点

周遍句构式的意义是周遍义，表示不管条件是事件所涉及的任何要素，结果都是具有某种性质、处于某个状态、具有其他谓语表示的结果意义。疑问代词"谁₁"指具体的人物，所以"谁₁"类周遍句的句式意义是：不管条件是任何实际存在的人物，结果都是具有某种性质、处于某种状态、具有其他谓语表示的结果意义。例如：

（1）但把炮安在村里，谁也不乐意，都觉得不吉利。

（2）这样的水池，若在内地，谁都不去理会它。

例（1）主语和谓语是条件和结果的关系，表示不管条件是"村里"的任何人，结果都是"觉得不吉利"；例（2）表示不管条件是"内地"的任何人，结果都是"不去理会它"。

（二）"谁₁"

在《现代汉语八百词》中，"谁"有三个义项：第一，表示问人；第二，表示不能肯定的人；第三，任指，表示任何人。周遍句中"谁"的意义是第三项。《现代汉语八百词》里体现的是"谁"的功能分类，在具体的任指用法中，根据前一小节的探讨，我们可以知道"谁₁"指称任何具体的、实际存在的人物。例如：

（1）他说，自己碰进自家球门一个球，谁都很难过，不必责备谁。

（2）大人和小徒弟都在门口，或坐或立，谁也不出声。

例（1）中"谁₁"表示实际存在的球队里面的人物；例（2）"谁₁"指代"大人和小徒弟"中的人物。

"谁₁"的语义特征是有定的，属于全量表达。"谁₁"表示具体的人，必须是有限的。例如：

（1）单身久了就忘了怎么迁就和妥协，谁都不愿意先低头。

（2）我们家每餐吃三碗饭，谁也没区别。

例（1）、例（2）中"谁₁"都是有定的、全量表达，例（1）"谁₁"指的是"单身久了"的任何人，属于有限任指；例（2）"谁₁"指"我们家"的人，有指称范围限制，属于有限任指。

综上所述，"谁₁"的语义内容是指代任何实际存在的人，语义属性是有定、全量、有限。

（三）副词

"都"的意义是从总括全部对象的意义中延伸出的，有和"不论、无论、不管"搭配的用法，表示强调。"也"的意义是"表示无论假设成立与否，后果都相同"。例如：

（1）由于两人对这个阵型都比较熟悉，谁都不愿意首先变招。

（2）你小子倒好，一个人背上个大包就走了，谁也不通知。

例（1）使用副词"都"，表示不管是任何一个人，结果都是"不愿意首先变招"；例（2）使用副词"也"，表示无论是任何人物，结果都一样是"不通知"。

（四）谓语

"谁$_1$"类周遍句的谓语可以由形容词性成分或动词性成分充当。形容词性成分表示事物属性，由于周遍句具有主观性，所以形容词性成分充当谓语的周遍句表示说话人主观认定事物的性质，带有虚拟属性。动词性成分可以是单个动词，也可以是动词性短语，单个动词包括动作动词、心理动词、存现动词、趋向动词、能愿动词，其中动作动词、趋向动词表示实际发生的动作，如果时态是过去时和现在时，那么谓语的意义一般是描述事实情况，带有现实性，如果时态是将来时，那么表示没有发生的事情，带有虚拟性；心理动词表示人类的内心活动、情感状态；存现动词表示说话人主观判断事物的存在状态；能愿动词表示说话人对动作情况的判断、期望等，这些动词的意义都带有虚拟属性。动词性短语包括动宾关系短语、动补关系短语、兼语结构短语、状中关系短语等，其中动宾关系短语、动补关系短语和兼语结构短语需要根据动词的意义和时态来判断其属性。而在状中关系短语中，当状语是副词、介宾结构、被动结构时，需要根据动词进行判断；当状语是情态助词、比况结构时，表示的内容是说话人主观的判断，带有虚拟属性。

综上所述，"谁$_1$"类周遍句谓语的意义既可以是现实的，也可以是虚拟的。

当"谁₁"类周遍句的谓语表示现实意义时，句子是对现实事件实际发生情况的描写和说明，具有较强的客观性。现实意义类谓语只能由动词性成分充当，表示过去或现在发生的动作、行为。例如：

（1）两人坐到了一张桌上吃饭。彼此尴尬着，谁都回避。

（2）整个工程队一直在赶工程进度，这一个月里，谁都干得虚脱了。

（3）只要这个大头胖子一出来，立刻全城戒严，谁都在家。

（4）谁都把剩下的船票扔了，大家打算一直留在这里。

（5）谁都让他干活，欺负他是新进厂子的。

例（1）谓语由动词"回避"充当，句子描写的是现实情况；例（2）谓语由动补关系短语"干得虚脱了"充当，描述的是事实情况；例（3）谓语由动宾关系短语"在家"充当，句子描述的是已经发生的事实情况；例（4）谓语由状中关系短语"把剩下的船票扔了"充当，句子描述的是实际情况；例（5）谓语由兼语结构短语"让他干活"充当，句子表示事实内容。

当"谁₁"类周遍句谓语表示虚拟意义时，句子是对未发生、想象、假设等虚拟的事实情况的描写和说明，具有较强的主观性。虚拟意义类谓语可以由形容词性成分或动词性成分充当。

句子谓语由形容词性短语充当，表示虚拟意义，是说话人对于事物属性的主观判断。例如：

（1）听见枪声就往回跑，谁也不傻。

（2）村里人看到小王发财了，谁都特别好奇，从小也没看出小王有这个天赋呀。

例（1）谓语由形容词"不傻"充当，表示人物的属性，表达的是虚拟意义；例（2）谓语由状中关系短语"特别好奇"充当，也是对"谁₁"指代人物的性质判定。

句子谓语由动词性成分充当，表示虚拟意义，是对未实际发生的动作、行为的描述，事物属性的判断，或是说话人对于动作进行情况的判断、期望等主观内容的表达。例如：

（1）厂子规定只要能力强，想要当厂长，谁都可以。
（2）把自己打扮得花枝招展的，谁也喜欢。
（3）作为母亲她回家抢救儿子在情理之中，谁也不会攀比。
（4）这事已过去了几天，谁也没把它放在心上。
（5）谁也不和他们吃饭，村里人都躲得远远的。
（6）市场赔钱了，但是，谁都好像不在意似的。
（7）他离家一个月，谁也不想他。
（8）在为人民服务的岗位上，谁都是人民的"公仆"。
（9）吵架的时候，谁都没有一句好话。
（10）我保证故事的结局会很意外，谁也想不到。
（11）出门在外要注意安全，谁都不让父母担心，这是首要的。

例（1）谓语由能愿动词"可以"充当，表示说话人主观判断的内容；例（2）谓语由心理动词"喜欢"充当，表示心理活动，具有虚拟属性；例（3）谓语由状中关系短语"不会攀比"充当，表示说话人对事态发展的判断；例（4）谓语由状中关系短语"没把它放在心上"充当，表示心理状况；例（5）谓语由状中关系短语"不和他们吃饭"充当，表示态度、意愿，具有虚拟意义；例（6）谓语由状中关系短语"好像不在意似的"充当，比况意义具有虚拟属性；例（7）谓语由动宾关系短语"不想他"充当，表示心理活动，具有虚拟属性；例（8）

谓语由动宾关系短语"是人民的'公仆'"充当，表示事物属性的判定；例（9）谓语由动宾关系短语"没有一句好话"充当，表示事件结果的判定，具有虚拟意义；例（10）谓语由动补关系短语"想不到"充当，表示心理活动的状态；例（11）谓语由兼语结构短语"不让父母担心"充当，表示意愿，具有虚拟性质。

（五）语义关系

"谁₁"类周遍句中"谁₁"指具体的人，句子主谓之间的语义关系类型主要有以下五种：

第一，"谁₁"做施事。施事是自主行为、动作的发出者，袁毓林（2002）指出，施事具有［+自主性］［+使动性］。"谁₁"指称具体的人，做事件动作的施事是最自然的用法。"谁₁"做施事，句子主谓的语义关系是动作发出者和所发出的动作之间的关系。例如：

（1）食堂人少，谁都多拿了几个馒头。

（2）饭店里的人一听外面招工了，谁都不吃面了，全都跑出来凑热闹。

例（1）"谁₁"是施事，是谓语表示的动作"拿"的发出者；例（2）"谁₁"是施事，是"吃"的发出者。

第二，"谁₁"做受事。受事是动作、行为的直接受影响者，句子主谓的语义关系是动作、行为的受影响者和动作、行为之间的关系。例如：

（1）他除了真正的朋友立花利菜以外，谁也不相信。

（2）谁也不打扰，他就一个人静静地走了。

例（1）"谁₁"是受事，是动作"相信"的对象；例（2）"谁₁"是受事，是动作"打扰"的目标。

第三,"谁₁"做感事。感事是非自主感知事件的主体,句子主谓的语义关系是感知事件的主体和感知动作之间的关系。例如:

(1) 学校很小,谁都认识王校长。

(2) 厂子里老王人缘最好,谁都知道他。

例(1)"谁₁"是感事,是感知动词"认识"的感知主体;例(2)"谁₁"是"知道"的感知主体,属于感事。

第四,"谁₁"做主事。主事是性质、状态、变化性事件的主体,句子主谓的语义关系是性质、状态、变化性事件的主体和性质、状态、变化之间的关系。例如:

(1) 班级同学考研熬夜一个月,但是,谁也没长痘。

(2) 村子里的人面对入侵者同仇敌忾、英勇作战,谁都一样。

例(1)"谁₁"是主事,是事件"没长痘"性质的主体;例(2)"谁₁"是"一样"的主体。

第五,"谁₁"做与事。与事是事件动作的间接对象,句子主谓关系是动作的间接对象和动作之间的关系。例如:

(1) 他打算房子就自己留下,谁都不给了。

(2) 家里他把钱攥得死死的,谁也没给。

例(1)"谁₁"是与事,是动词"给"的间接对象;例(2)"谁₁"也是"给"的间接对象。

周遍句主谓之间的语义关系取决于疑问代词的语义角色。"谁₁"指代实际存在的人,语义基本特点是[+生命][+自主性],这一特点决定"谁₁"一般充当主动性的语义角色,比如:施事。

周遍句中"谁₁"的语义角色有时会重叠,因此会产生歧义现象。例如:

我在这个小厂子里，谁都认识。

例句中"谁₁"在事件中可能是施事，充当动作"认识"的发出者，也可能是感事，充当动作"认识"的感受者，导致句子的语义内容有多种不同的理解方式，从而产生歧义现象。

周遍句歧义的原因，一是主语语义角色的重叠，二是紧缩过程中句法成分的省略。在条件复句紧缩成周遍句的过程中，结果分句的主语成分会因为紧缩而舍弃，导致事件的语义角色缺省而产生歧义。例如：

（1）班级这么多同学，无论是谁，我也没给。

（2）班级这么多同学，谁也没给。

例（1）是复句，结果分句的主语出现，事件的主体成分都出现了，没有歧义；例（2）是周遍句，结果分句的主语紧缩掉了，事件语义角色缺省，产生歧义。

周遍句主谓之间的语义关系取决于疑问代词，"谁₁"指称性最强，其语义角色及句式主谓之间的语义关系类型是所有"谁"类周遍句中最多的，有五种。由于"谁₁"指代具体人物，决定了"谁₁"偏向充当主动性的语义角色。

（六）构式的语义压制

"谁₁"类周遍句是一个紧缩构式。一方面，构式存在着句法准入条件，句法结构必须表示性质、状态、结果意义才能充当谓语；另一方面，构式存在着压制现象，进入构式充当谓语会被压制成表示性质、状态、结果意义。

首先，充当"谁₁"类周遍句谓语的句法成分都具有性质、状态、结果意义。

形容词性成分的意义是事物的属性或状态，是一种结果，因此，一般都可以充当句子谓语。动词性成分必须体现出性质、状态、结果意义，特殊性谓语成分也必须具有性质、状态、结果意义才能进入周遍句，比如，名词性短语等。例如：

(1) 现在客户都相当精明，谁也不傻。
(2) 他的人品恶劣，在村子里都传开了，谁也瞧不起他。
(3) 他得到这皇位是名正言顺的，谁也不会不服！
(4) 虽然开饭了，但谁也没吃，等着爷爷。
(5) 村里这么多人，谁都一个样。

例（1）谓语由状中关系短语"不傻"充当，表示人物的性质判断，是一种结果意义；例（2）谓语由动宾关系短语"瞧不起他"充当，表示动作的状态意义；例（3）谓语由状中关系短语"不会不服"充当，表示说话人的主观判断；例（4）谓语由状中关系短语"没吃"充当，表示动作的否定意义；例（5）谓语由名词性短语"一个样"充当，表示的是属性意义。

需要说明的是，当"谁₁"类周遍句谓语是光杆动词时，结果意义凸显性不强，需要上下文语境提供结果意义或通过对举使用，句子才能成立，而"什么"类周遍句谓语是光杆动词时，则没有限制要求，因为"谁"一般做主体论元，"什么"一般做客体论元，主体论元和谓语的关系相对来说疏远，不能作为句式的结果意义存在，而客体论元和谓语关系更紧密，可以作为动作对象的结果意义存在，所以，"什么"类周遍句中不需要额外的句法手段满足谓语的意义要求。例如：

(1) ＊谁都买。
(2) 什么都买。
(3) 谁都买，谁都卖。

(4) 这么新鲜的蔬菜，谁都买。

例（1）谓语是光杆动词"买"，句子意义不完整，没有提供动作状态、对象等结果意义，好像说话人没有说完一样，句子不成立；例（2）谓语也是光杆动词，"什么"表示动作"买"的对象，属于结果意义，句子意义完整，成立；例（3）周遍句通过对举使用，从形式上满足了周遍句的要求；例（4）上下文提供了动作对象"蔬菜"，周遍句谓语相当于省略了表示结果意义的句法成分，不影响听话人理解，句子成立。

其次，句法成分进入构式后，其意义被构式压制成表示性质、状态、结果意义。例如：

（1）幼儿园就一个秋千，孩子们都喜欢，谁都玩。

（2）广场上的人们都吓傻了，谁都一句话也说不出。

例（1）谓语"玩"表示动作，本来属于事件性的，进入构式后，其意义被压制成结果意义，表示处于"玩"的状态；例（2）谓语由小句结构"一句话也说不出"充当，本来属于事件描述，进入构式后，变成表示处于"一句话也说不出"的状态。

三、语用功能

（一）句式的表达功能

"谁₁"类周遍句中"谁₁"指具体存在的人物，句式的语用功能可以是叙事描写或演绎论断。

"谁₁"类周遍句可以用于对事件进行描写，句子谓语由表示现实意义的句法成分充当，说话人使用周遍句是对事件事实内容进行概括说明、总结性描写，偏向于客观。例如：

（1）老王到家的时候，谁都在吃饭，没人注意到他。

（2）这个村里，谁都养过猪，很有经验。

例（1）是说话人对现实情况进行描写和总结，描写的是家里的任何人都"在吃饭"，偏向于客观性描写；例（2）是对已经发生的事实情况进行描写和总结，偏向于客观，表示"村里"的任何一个人都"养过猪"。

"谁$_1$"类周遍句可以用于表达对事实情况作出主观推理、判断，偏向于主观，句子谓语由表示虚拟意义的句法成分充当。说话人使用周遍句是来加强主观性态度的表达效果，比如，增强命令语气或凸显说话人的某种情绪等，这种情绪既可以是积极的，也可以是消极的。例如：

（1）你们就老实待在这里，谁也不许离开屋子。

（2）厂子里没有人讨论，谁都不会产生怀疑。

（3）厂子里的工人，谁都不乐意去干。

例（1）表达的内容是说话人的命令，周遍句能够有效增强说话人的语气、语势，实现更强的语用效果；例（2）表示不管任何人，结果都是"不会产生怀疑"，周遍句是说话人对事态的一种判断，凸显了积极的情绪；例（3）表示说话人对人物的状态判定，凸显出悲观的情绪。

"谁$_1$"类周遍句语用功能实现的关键因素是"谁$_1$"的指称意义。由于"谁$_1$"虚化程度低，指称性强，主观性弱，所以"谁$_1$"类周遍句的语用功能更偏向于进行叙事描写。

（二）句式主观性分析

"谁$_1$"类周遍句具有主观性，主要由两个因素促成：①条件和结果的认定关系是主观的，这种条件和结果的语义链关系是说话人自我认定的结果；②绝对化的语义内容，周遍句表示没有例外的绝对化语义内容，现实世界不存在绝对化的极端情况，这种人为将事实情况进行夸张化处理的内容带有明显的主观性。例如：

(1) 我们分开后，谁都不会再是原来的自己。

(2) 厂子里的工人都不能反对厂长的决定，谁也不行。

例（1）表达的是不管任何人，结果都是"不会再是原来的自己"，句子条件和对象是"谁₁"指代的、任何具体存在的人，谓语表示结果，条件和结果的关系是说话人主观认定的，体现出主观性，并且将条件范围夸张到"厂子里"所有人，表明一种绝对、完全的极端情况，属于说话人的夸张处理，也带有主观性；例（2）表示不管任何人物，性质都是"不行"，这种条件和结果的认定关系是说话人主观认定的，并且"不行"的对象是"谁₁"指称的任何人物，属于夸张化处理，体现出较强的主观性。

"谁₁"类周遍句既可以进行客观事实描写，也可以进行主观情绪表达，大部分的"谁₁"类周遍句都是在叙事描写类和演绎论断类的连续统中分布，不同语用功能的句子主观性强度也不相同。"谁₁"类周遍句中，谓语表示现实意义的句子主观性弱于谓语表示虚拟意义的句子，所以，现实意义的"谁₁"类周遍句的主观性弱于虚拟意义的"谁₁"类周遍句。综上所述，"谁₁"类周遍句主观性强度的连续统如下：

客观性最强　　有限的"谁₁"类（现实意义类）

⬇

主观性最强　　有限的"谁₁"类（虚拟意义类）

不同类型的"谁₁"类周遍句主观性强度不相同，例如：

(1) 一家人都没睡觉，谁都等着丈夫回来。

(2) 进了城的人，谁都想发财。

例（1）"谁₁"指"一家人"，谓语"等着丈夫回来"表示实际的事实情况，句子属于现实意义类周遍句；例（2）"谁₁"指"进了城的人"，谓语"想发财"表示心理活动，具有虚拟属性，句子属于虚拟意义类周遍句。比较来看，例（2）的主观性强于例（1）。

（三）语用效果分析

"谁₁"类周遍句语用效果表达依靠的手段是对比和夸张。首先，通过条件分句和结果分句的对比，凸显谓语部分的意义内容；其次，以夸张化手段处理条件部分，反衬谓语的意义内容，引起听话人的重视和注意，表达出语句内容的重要性和紧迫性，达到移情的语用效果，以实现语用目的和交际意图。例如：

(1) 我们致力于对付天魔教，谁都不争什么。

(2) 大家都明白了一切。于是，谁也不吱声了。

例（1）表示不管任何一个人，结果都是处于"不争什么"的状态，条件和结果对比凸显所有人对于利益的淡薄，夸张化处理表达出所有人上下一心的状态，以此凸显说话人的信心；例（2）表示不管条件是任何人物，结果都"不吱声了"，说话人将"不吱声了"的对象夸张扩大到任何人物，使听话人感受到事件的严重性，以此达到移情的语用目的。

从系统整体性角度看，疑问代词"谁₁"表示绝对化指称，经过副词"都""也"的约束，夸张化处理条件对象，来表达说话人的语用意图。例如：

(1) 个别垄断行业企业的从业者收入过高，谁都不服气。
(2) 今年要多种棉花，谁也不准种谷子。

例（1）通过副词"都"总括"谁₁"指称的任何人，以绝对化的语义内容表达出说话人的不满情绪；例（2）通过副词"也"类指"谁₁"指代的任何人物，句子的全指语义内容显示出说话人命令的强迫性。

从构造和意义的角度看，句式缩减以后，说话人可以额外添加其他句法成分，表达更加丰富的意义和情感。例如：

(1) 大家这些人，一旦谁都不帮你了，你就完蛋了。
(2) *大家这些人，一旦不管谁都不帮你了，你就完蛋了。

例（1）"谁₁"类周遍句本身带有让步条件意义，没有连词，可以添加副词"一旦"，表示额外的假设意义；例（2）带有连词，不能添加额外的副词"一旦"。

从语言系统和现实交际的互动角度看，句式形式的缩减能够有效地增强说话人的语气、语势，凸显语义内容的主观性，更好地表达说话人的主观情绪。例如：

(1) 大家就在那里就好，不管是谁，都不许越过黄线一步。
(2) 大家就在那里就好，谁都不许越过黄线一步。

例（1）、例（2）表达同样的语义内容，例（1）采用复句形式表达,句法结构完整,语气的表达委婉;例(2)采取单句形式的周遍句表达,句法结构紧凑、凝练,更加凸显结果分句的内容"不许越过黄线一步",语气直接、强势,说话人的情绪表达更完全。

(四)句式组件的语用功能

1. "谁₁"

"谁₁"的语用功能是通过指代手段,为句子提供有定主语条件对象,和谓语的结果意义相照应,构成陈述和被陈述的关系。例如:

(1)他们一家子风尘仆仆的就来了,谁都满脸沧桑。

(2)班级这么多同学,谁都不愿意帮我。

例(1)"谁₁"代替"他们一家子"的人物;例(2)"谁₁"指称"班级里"的任何人,都是句子的条件对象,和谓语意义相对应。

2. 副词

"谁₁"类周遍句中的副词凸显了不同语气,"都"表示强调语气,"也"则表示委婉转折语气。例如:

(1)你放心,在我们村里,谁都不会听他的。

(2)情报向在座所有人公开,谁也不用争抢。

例(1)"都"表示强调语气,强调任何人都是结果"不会听他的";例(2)"也"表示委婉语气,表示对象"谁"指称的任何人和结果"不用争抢"的转折关系。

3. 谓语

汉语属于信息尾重型语言,"谁₁"类周遍句是典型的信息尾重型句式,谓语部分是句子的语义重心和语用焦点。例如:

我们就静静看着你作死,谁也不会同情你。

例句中"谁₁"轻读,"不会同情你"是句子的语用重心,是说话人想要凸显的语义内容。

第三节 "谁$_2$"类周遍句

本小节从句法、语义、语用三个方面对"谁$_2$"类周遍句进行描述和分析,"谁$_2$"虚指任何一个人,凸显任指意义来表示说话人的意愿、情绪等主观性内容。

一、句法结构

(一) 句式的句法结构

"谁$_2$"类周遍句的句法结构是:"谁$_2$+都/也+谓语"。句式既有肯定形式,也有否定形式。疑问代词和副词部分是固定的,谓语是变项。例如:

(1) 伤害我,谁都可以。

(2) 我不信任任何人,谁都不能再骗我了。

(3) 谁也一样,见钱眼开。

(4) 谁也逃不脱命运。

例(1)、例(2)、例(3)、例(4)中"谁"都虚指任何一个人,都属于"谁$_2$"类周遍句,"谁$_2$"和副词是固定的,谓语是变化的。其中例(1)、例(2)使用了副词"都",例(1)是肯定形式,例(2)是否定形式;例(3)、例(4)使用了副词"也",例(3)是肯定形式,例(4)是否定形式。

(二)"谁₂"

"谁₂"位于句首,是句子的主语,疑问代词放置在句子末尾,是汉语的一种正常现象,位于句首是疑问代词非疑问用法的显性句法标志。例如:

(1) 有钱与没钱,谁都一样。

(2) 从来没有必胜,没有必败,谁也不一定能保命。

例(1)、例(2)中"谁₂"凸显任指意义,是句子的主语。

(三) 副词

"谁₂"类周遍句使用的副词有两个:"都"和"也"。副词"都"在肯定形式中占优势,"也"在否定形式中占优势。例如:

(1) 他胆小,谁都怕。

(2) 谁都不想青春被浪费。

(3) 谁也想安安静静地过一个好年,所以,别闹了。

(4) 谁也摆脱不了命运的安排。

例(1)、例(2)使用了副词"都",例(1)是肯定形式,例(2)是否定形式;例(3)、例(4)使用副词"也",例(3)是肯定形式,例(4)是否定形式。

(四) 谓语

"谁₂"类周遍句中"谁₂"指称性较弱,语义内容虚化,凸显任指性,属于边缘语义范畴,不容易被人识别,例句最少,对谓语的句法要求最高。

"谁₂"类周遍句的谓语可以由形容词性成分或动词性成分充当。

1. 形容词性成分

"谁₂"类周遍句的谓语可以由形容词或形容词性短语充当。

形容词可以充当句子谓语，既可以是性质形容词，也可以是状态形容词，常见形容词包括"一样""容易""怕"等。例如：

(1) 在挑剔之中成长，谁都一样。

(2) 一到了过年，谁都喜气洋洋。

例（1）谓语由性质形容词"一样"充当；例（2）谓语由状态形容词"喜气洋洋"充当。

做谓语的形容词性短语类型主要是状中关系短语，状语一般是副词或情态助词。例如：

(1) 底层人民为了生活，艰辛的劳作，收入微薄，谁都非常不容易。

(2) 大家好聚好散，谁都不会痛苦。

例（1）谓语由状中关系短语"非常不容易"充当，状语是副词；例（2）谓语由状中关系短语"不会痛苦"充当，状语是情态助词。

2. 动词性成分

"谁$_2$"类周遍句谓语可以由单个动词或动词性短语充当。

单个动词可以充当句子谓语，包括动作动词、心理动词、能愿动词等，常见的动作动词包括"听""做"等；常见的心理动词包括"喜欢""了解"等；常见的能愿动词包括"会""可能"。例如：

(1) 他总是可以说服别人，只要他说了，谁都听。

(2) 事情的真相，谁都了解。

(3) 只要不嫁给他，谁都可以。

例（1）谓语由动作动词"听"充当；例（2）谓语由心理动词"了解"充当；例（3）谓语由能愿动词"可以"充当。

做谓语的动词性短语包括状中关系短语、动补关系短语、动宾关系短语等，最常见的是情态助词做状语的状中关系短语。例如：

(1) 两岸统一是历史的潮流，谁都不可以拂逆。

(2) 遭受这么大的灾难，谁也走不出来。

(3) 谁也不买票，电影院不就关门了。

(4) 谁都是普通人，都有自己的极限。

(5) 谁都有困难的时候，互相帮助才能渡过难关。

例（1）谓语由状中关系短语"不可以拂逆"充当，状语是情态助词；例（2）谓语由动补关系短语"走不出来"充当，补语是结果补语；例（3）谓语由动宾关系短语"不买票"充当，动词是动作动词；例（4）谓语由动宾关系短语"是普通人"充当，动词是判断动词；例（5）谓语由动宾关系短语"有困难的时候"充当，动词是存现动词。

二、语义内容

（一）句式的语义特点

周遍句构式的意义是周遍义，表示不管条件是事件所涉及的任何要素，结果都是具有某种性质、处于某种状态、具有其他谓语表示的结果意义，"谁$_2$"指称意义比较弱，主要凸显任指意义来表达主观性的内容，所以"谁$_2$"类周遍句的句式意义可以概括成：不管条件是任何人物，结果都一定具有某些结果意义，以任指意义来凸显说话人的主观意愿、情绪等主观性内容。例如：

(1) 不要冲突，冲突之后，谁都不会获益。

(2) 虚拟世界，谁也不了解真实情况。

例（1）主语和谓语是条件和结果的关系，表示不管条件是任何人物，结果都是"不会获益"，凸显"冲突"的消极意义；例（2）表示不管任何人，结果都处于"不了解真实情况"的状态，以条件的任指性，凸显说话人的焦虑情绪。

（二）"谁₂"

"谁₂"指称虚化的人物，更多体现的是任指意义，来表达说话人的态度、感情等主观性内容，属于边缘语义范畴。例如：

一个七八岁的孩子，能够有这么样的轻功，谁都不会相信。

例句中"谁₂"虚指任何人，凸显说话人的惊奇、怀疑等情绪。

"谁₂"的语义特征是有定的，属于全量表达。"谁₂"的意义比较虚化，必须是无限的。例如：

谁都会有迷茫的时候。

例句中"谁₂"是有定的、全量表达，属于无限任指。

综上所述，周遍句中"谁₂"的语义内容凸显任指意义，语义属性是有定、无限、全量。

（三）副词

"都"的意义是从总括全部对象的意义中延伸出的，有和"不论、无论、不管"搭配的用法，表示强调。"也"的意义是"表示无论假设成立与否，后果都相同"。例如：

（1）谁都喜欢舒服的日子，没有例外。

（2）谁也没想到他会是那样的人。

例（1）使用副词"都"，表示不管任何人，结果都是"喜欢舒服的日子"；例（2）使用副词"也"，表示无论是任何人物，结果都一样是"没想到他会是那样的人"。

（四）谓语

"谁₂"类周遍句的谓语可以由形容词性成分或动词性成分充当。形容词性成分表示事物的属性,由于周遍句具有主观性,所以形容词性成分充当谓语的周遍句表示说话人主观认定的事物性质,带有虚拟属性。动词性成分可以是单个动词,也可以是动词性短语,单个动词包括动作动词、心理动词、能愿动词。其中,动作动词表示实际发生的动作,如果时态是过去时和现在时,那么谓语的意义一般是描述事实情况,带有现实性,如果是将来时,那么表示没有发生的事情,带有虚拟性;心理动词表示人类的内心活动、情感状态;能愿动词表示说话人对动作情况的判断、期望等,意义都带有虚拟属性。动词性短语包括动宾关系短语、动补关系短语、状中关系短语等。其中,动宾关系短语、动补关系短语需要根据动词的意义和时态来判断其属性;而状中关系短语中,状语是副词、介宾结构时,需要根据动词进行判断,状语是情态助词时,表示的内容是说话人主观的判断,带有虚拟属性。

综上所述,"谁$_2$"类周遍句谓语的意义可以是现实的,也可以是虚拟的。

当"谁$_2$"类周遍句谓语表示现实意义时,句子是对现实事件实际发生情况进行描写,具有较强的客观性。现实意义类谓语只能由动词性成分充当,表示过去或现在发生的动作、行为。例如:

谁都说他为家乡办了好事。

例句中谓语由"说他为家乡办了好事"充当,句子描述的是现实情况。

"谁$_2$"类周遍句谓语表示虚拟意义时,句子是对未发生、想象、假设等虚拟事实情况进行描写,或是说话人对事件性质的判断,具有较强的主观性。虚拟意义类谓语可以由形容词性成分或动词性成分充当,表示对事物属性的判断,未实际发生的动作、行为的描述,或是说话人对于动作进行情况的判断、期望。例如：

（1）在挑剔之中成长，谁都一样。

（2）对这件事，谁都不会产生怀疑。

例（1）谓语由形容词"一样"充当，表示性质认定，带有虚拟意义；例（2）谓语由状中关系短语"不会产生怀疑"充当，表示说话人对事态的推测，属于虚拟性质。

（五）语义关系

"谁$_2$"类周遍句中"谁$_2$"虚指任何人，句子主谓之间的语义关系类型主要有以下三种：

第一种，"谁$_2$"做施事。施事是自主行为、动作的发出者，句子主谓的语义关系是动作发出者和所发出的动作之间的关系。例如：

我什么都没有，谁都不会保护我。

例句中"谁$_2$"是施事，是谓语表示的动作"不会保护我"的发出者。

第二种，"谁$_2$"做感事。感事是非自主感知事件的主体，句子主谓的语义关系是感知事件的主体和感知动作之间的关系。例如：

谁都知道不能随便贬低别人。

例句中"谁$_2$"是感事，是感知动词"知道"的感知主体。

第三种，"谁$_2$"做主事。主事是性质、状态、变化性事件的主体，句子主谓之间语义关系是性质、状态、变化性事件的主体和性质、状态、变化状态之间的关系。例如：

我是不在乎了，谁都无所谓。

例句中"谁$_2$"是"无所谓"的主体。

周遍句主谓之间的语义关系取决于疑问代词，"谁$_2$"指称性最弱，

119

其语义角色及句式主谓之间的语义关系类型是所有"谁"类周遍句中最少的，只有三种。由于"谁$_2$"指代对象虚化，决定了"谁$_2$"偏向充当被动性、被描述性的语义角色。

（六）构式的语义压制

"谁$_2$"类周遍句是一个紧缩构式。一方面，构式存在着句法准入条件，句法结构必须表示性质、状态、结果意义才能充当谓语；另一方面，构式存在着压制现象，进入构式充当谓语会被压制成表示性质、状态、结果意义。

首先，充当"谁$_2$"类周遍句谓语的句法成分都具有性质、状态、结果意义。

形容词性成分的意义是事物的属性或状态，是一种结果，因此，一般都可以充当句子谓语。动词性成分必须体现出性质、状态、结果意义。例如：

（1）谁都好，来个人就行。
（2）谁也不喜欢被别人控制。

例（1）"好"表示人物的性质；例（2）"不喜欢被别人控制"表示主观感受的状态。

其次，句法成分进入构式后，被构式压制成表示性质、状态、结果意义。例如：

谁也不会真的了解这个世界。

例句中谓语"不会真的了解这个世界"表示动作行为发生的可能性，进入构式后，表示处于该动作可能发生的状态。

三、语用功能

（一）句式的表达功能

"谁$_2$"类周遍句"谁$_2$"指称意义虚化，句子可以用于叙事描写、进行演绎论断。

"谁$_2$"类周遍句进行叙事描写时，句子谓语由表示现实意义的句法成分充当，说话人使用周遍句是对事实内容的概括说明、总结性描写，偏向于客观。例如：

谁都说他是好人，可是美娜就是不信。

例句中谓语由"说他是好人"充当，说话人使用周遍句对事件实际发生情况的描写，偏向于客观性描写。

"谁$_2$"类周遍句主要用于演绎论断来表达说话人的主观情绪，偏向于主观。例如：

已到了最后关头，谁也不会放弃任何机会。

例句中表示任何人都"不会放弃任何机会"，凸显了说话人的坚定。

"谁$_2$"类周遍句语用功能实现的关键因素是"谁$_2$"的指称意义。由于"谁$_2$"虚化程度高，指称性弱，主观性强，所以"谁$_2$"类周遍句的语用功能更偏向于进行演绎论断。

（二）句式主观性分析

"谁$_2$"类周遍句带有主观性，主要由两个因素促成：①主语疑问代词和谓语之间的条件和结果的关系认定，是说话人主观确定的；②疑问代词"谁$_2$"表示没有例外的绝对化情况，是说话人主观夸张处理的结果，凸显了主观性。和"谁$_1$"比较而言，"谁$_2$"的指称意义弱，任指意义凸显更强。例如：

我若说真话，谁也不会施舍我什么。

例句中"谁$_2$"虚指任何一个人，条件和结果关系之间的认定、对象范围的夸张化处理都体现了较强的主观性。

"谁$_2$"类周遍句可以进行客观事实描写，也可以表达主观情绪。大部分的"谁$_2$"周遍句都是在叙事描写和演绎论断的连续统中分布的，句子主观性强度也各不相同。在"谁$_2$"类周遍句中，谓语表示现实意义的句子主观性弱于谓语表示虚拟意义的句子。综上所述，"谁$_2$"类周遍句主观性强度的连续统如下：

客观性最强　　无限的"谁$_2$"类（现实意义类）

⬇

主观性最强　　无限的"谁$_2$"类（虚拟意义类）

不同类型的"谁$_2$"类周遍句主观性强度不相同，例如：

(1) 谁都见识过泰山的雄伟，不能否认它五岳之首的地位。

(2) 谁也喜欢钱，但是必须通过努力工作来获得。

例（1）谓语"见识过泰山的雄伟"表示已经发生的事实，属于现实意义类；例（2）谓语"喜欢钱"表示说话人的主观感受，具有虚拟性，属于虚拟意义类。相比较而言，例（2）比例（1）的主观性更强一些。

（三）语用效果分析

"谁$_2$"类周遍句语用效果表达依靠的手段是对比和夸张。首先，通过条件分句和结果分句的对比，凸显谓语部分的意义内容；其次，以夸张化手段处理条件部分，反衬谓语的意义内容，引起听话人的重视和注意，表达出语句内容的重要性和紧迫性，达到移情的语用效果，以实现语用目的和交际意图。例如：

（1）谁都明白生活是不易的。

（2）谁也不想随便就向命运屈服。

例（1）表示不管任何人，结果都是处于"明白生活是不易的"状态，条件和结果对比凸显说话人的悲观情绪；例（2）表示不管条件是任何一个人，结果都是"不想随便就向命运屈服"，说话人将对象夸张扩大到任何人，使听话人感受到说话人的情绪，以此达到移情的语用目的。

从系统整体性的角度看，疑问代词"谁$_2$"表示绝对化指称，经过副词"都""也"的约束，夸张化处理条件对象，来表达说话人的语用意图。例如：

（1）谁都没想到事情会发展成这样。

（2）谁也阻止不了他。

例（1）通过副词"都"总括"谁$_2$"指称的任何人，绝对化的语义内容表达出说话人的悲观情绪；例（2）通过副词"也"类指"谁$_2$"指代的对象，句子的全指语义内容显示出说话人的判断。

从构造和意义的角度看，句式缩减以后，就可以额外添加其他句法成分，表达更加丰富的意义和情感。例如：

（1）只要谁都不理他，他一会儿就老实了。

（2）*只要不管谁都不理他，他一会儿就老实了。

例（1）"谁$_2$"类周遍句本身带有让步条件意义，没有连词，可以额外添加连词"只要"，表示假设意义；例（2）带有连词，不能添加额外的连词"只要"。

从语言系统和现实交际的互动角度出发,句式形式的缩减能够有效地增强说话人的语气、语势,凸显语义内容的主观性,更好地表达说话人的主观情绪。例如:

(1) 不管是谁,都别想阻止历史的车轮前进。

(2) 谁都别想阻止历史的车轮前进。

例(1)采用复句形式表达,句法结构完整,语气的表达委婉。例(2)采取单句形式的周遍句表达,句法结构紧凑、凝练,更加凸显结果分句的内容"别想阻止历史的车轮前进",语气直接、强势,说话人的情绪表达更完全。

(四) 句式组件的语用功能

1. "谁$_2$"

"谁$_2$"类周遍句中"谁$_2$"凸显任指意义,和谓语形成对比,构成陈述和被陈述的关系,以此表达说话人情绪、意愿等。例如:

爱一个人与恨一个人,需要同样强烈的感情,谁也不会无缘无故去恨一个不相干的人。

例句中"谁$_2$"虚指任何一个人,指称性弱,主要凸显任指意义,和谓语形成对比,凸显说话人的情绪。

2. 副词

"谁$_2$"类周遍句中的副词凸显了不同语气,"都"表示强调语气,"也"表示委婉转折语气。例如:

(1) 谁都是父母的心肝。

(2) 谁也不能背叛自己的国家。

例(1)"都"表示强调语气,强调任何人结果都是"是父母的心肝"；例（2）"也"表示委婉语气，表示条件对象"谁$_2$"和结果"不能背叛自己的国家"的转折关系。

3. 谓语

汉语属于信息尾重型语言，"谁$_2$"类周遍句也是典型的信息尾重型句式，谓语部分才是句子的语义重心和语用焦点。例如：

谁也想不到故事的结局。

例句中"谁$_2$"轻读，"想不到故事的结局"是句子的语用焦点，是说话人想要凸显的语义内容。

通过以上的综合分析和比较，可以发现，在"谁"类周遍句中，由"谁$_1$"发展成"谁$_2$"指称性逐渐弱化，任意性增强，导致两类句式在句法、语义、语用方面表现出差异性。在句法方面，对句子谓语的句法要求逐渐提高，充当谓语的句法成分类型减少，一些边缘性句法成分只能充当"谁$_1$"类周遍句的谓语，不能进入"谁$_2$"类周遍句；在语义方面，谓语意义从现实意义向虚拟意义过渡，疑问代词的语义角色、句子主语和谓语之间的语义关系类型逐渐减少，由5种减到3种；在语用方面，句式主观性逐渐增强，由客观性强的叙述描写功能向主观性强的演绎论断功能发展。

第四章

指地点的疑问代词类周遍性主语句

指地点的疑问代词类周遍性主语句是由指代地点意义的疑问代词充当主语的周遍句,我们以"哪儿"类周遍句为代表展开探讨。"哪儿"类周遍句指主语由疑问代词"哪儿"充当,搭配副词"都/也"和谓语构成表示周遍义的句子。例如:

(1) 哪儿都不是你撒野的地方。

(2) 活着不多我一个,死了,哪儿都不少我。

(3) 哪儿也比偏远山区条件好啊。

(4) 那好吧。不过,哪儿也不准乱碰。

例(1)、例(2)、例(3)、例(4)主语都是疑问代词"哪儿",句子意义表示周遍义,例(1)、例(2)使用了副词"都",例(3)、例(4)使用了副词"也"。

本书的研究对象是疑问代词类周遍性主语句,疑问代词是句子的主语,所以本章只研究"哪儿"充当主语的周遍句,不研究"哪儿"做状语或其他句法成分的周遍句。从功能角度看,做状语的"哪儿"修饰谓语成分,做主语的"哪儿"是谓语的描述对象;从意义角度看,做状语的"哪儿"意义附加在谓语意义上,有其他成分作为句子真正的主语，谓语意义和句子主语直接相关，做主语的"哪儿"意义和谓语意义是直接对应的关系，句子不存在其他成分做主语。例如：

（1）哪儿都找不到他。

（2）哪儿都是他家。

例（1）"哪儿"做状语，修饰动词"找"，"哪儿"的意义是附加在谓语上的，句子真正的主语是施事"人"，谓语"找"和主语"人"、宾语"他"直接相关，此例句不属于本章的研究对象；例（2）"哪儿"是谓语"是他家"的描述对象，二者意义直接相关，"哪儿"是主语，不存在其他主语，此例句属于本章研究范围。

第一节 "哪儿"类周遍句的分类

以疑问代词的虚化程度为标准，将"哪儿"类周遍句进一步微观分类成三种类型：

第一种，词汇成分型"哪儿$_1$"类周遍句，"哪儿$_1$"虚化程度低，表示基础语义内容，指称具体的、实际的地点或场所，属于原型语义范畴，指称性较强，主观性较弱。例如：

我就在家不走了，哪儿也没有家里好。

例句中属于"哪儿$_1$"类周遍句，"哪儿$_1$"指代任何一个具体的地点，句子指称性最强。

第二种，隐喻意义型"哪儿$_2$"类周遍句，"哪儿$_2$"虚化程度中等，指称在基础语义上隐喻出的虚化的语义内容，表示部门、职位、物体的部件、人体的部位等虚化的地点意义，属于次边缘语义范畴。

例如：

　　感冒药很有用，吃了之后，哪儿也不疼了。

　　例句中属于"哪儿$_2$"类周遍句，"哪儿$_2$"指代身体部位，是将抽象身体部位隐喻成位置意义而产生指称关系。

　　第三种，任指意义型"哪儿$_3$"类周遍句，"哪儿$_3$"虚化程度高，指称意义弱化，主要凸显任指意义，表示说话人的情绪、态度等主观性内容，属于边缘性语义范畴，主观性较强。例如：

　　这个人除了懒点，哪儿都好。

　　例句中属于"哪儿$_3$"类周遍句，"哪儿$_3$"指称对象不明确，可以表示性质、品格等意义，"哪儿$_3$"弱化了指称性，凸显说话人的主观态度。

　　"哪儿$_1$""哪儿$_2$""哪儿$_3$"的区别在于："哪儿$_1$"表示地点意义；"哪儿$_2$"表示物品部分部件、人体部位；"哪儿$_3$"指称性弱，意义虚化。根据它们的意义和用法特点，可以采用在"哪儿"前面添加动词或用"什么"加名词成分替换的标准进行区分，即"哪儿$_1$"前面可以加趋向动词"去"或用"什么地方"进行替换，它所引导的周遍句就是"哪儿$_1$"类周遍句；"哪儿$_2$"前面可以加调换意义动词"换"或用"什么部位""什么部分""什么部门"等替换，它所引导的周遍句就是"哪儿$_2$"类周遍句；"哪儿$_3$"则不可以，它所引导的周遍句就是"哪儿$_3$"类周遍句。

　　1. 哪儿$_1$ 可以添加趋向动词"去"或用"什么地方"替换：

　　　V+哪儿$_1$→去哪儿$_1$ 或哪儿$_1$→什么地方

　　2. 哪儿$_2$ 可以添加调换意义动词"换"或用"什么部门""什么部分"等替换：

第四章 指地点的疑问代词类周遍性主语句

V+哪儿₂→换哪儿₂ 或哪儿₂→什么部门（什么部分）

3. 哪儿₃不可以添加动词"去""换"，也不可以用"什么"加名词进行替换：

V×哪儿₃且哪儿₃×什么地方（什么部分）

在"哪儿"类周遍性主语句中，"哪儿₁"表示地点意义，可以进入"去哪儿"格式或替换"什么地方"；"哪儿₂"表示部门、物体部件或身体部位，可以进入"换哪儿"格式或替换"什么部门""什么部分"等；"哪儿₃"指称性弱，意义不明确，不能进入以上两个格式。我们通过形式标志将不同的"哪儿"类周遍句区分开。例如：

（1）他把房子找来个遍，哪儿也没有他心爱的钢笔。

（2）这台老爷车，除了外壳没换，哪儿都换了。

（3）他不如你，哪儿也没你好。

例（1）"哪儿₁"表示"房子"里的任何地点，可以替换成"什么地方"或进入"去哪儿"形式，属于"哪儿₁"类周遍句；例（2）"哪儿₂"表示"老爷车"的"外壳"之外部件，可以替换成"什么部分"或进入"换哪儿"格式，属于"哪儿₂"类周遍句；例（3）"哪儿₃"指称性弱，意义不明确，不能替换或进入以上两个格式，属于"哪儿₃"类周遍句。

"哪儿"的虚化程度影响着整个周遍句，不同类型的"哪儿"类周遍句在句法、语义、语用等方面都表现出差异性，比如，对谓语的句法要求提高；主谓之间的语义关系类型减少；语用功能从客观性描写向主观性表达过渡等，对这些问题的详细探讨在后续章节展开。

第二节 "哪儿₁"类周遍句

本小节从句法、语义、语用三个方面对"哪儿₁"类周遍句进行描述和分析,其中"哪儿₁"指称具体的地点或场所。

一、句法结构

(一) 句式的句法结构

"哪儿₁"类周遍句的句法结构是:"哪儿₁+都/也+谓语",句式既有肯定形式,也有否定形式,疑问代词"哪儿₁"和副词部分是固定的,谓语是变项。例如:

(1) 海太多了,哪儿都是海。
(2) 哪儿都没有青岛的海美。
(3) 哪儿也比我家那穷山沟强。
(4) 到处都没有响枪,哪儿也没有像样的战斗。

例(1)、例(2)、例(3)、例(4)中"哪儿"都指称任何具体的地点,它们都是"哪儿₁"类周遍句,"哪儿₁"和副词是固定的,谓语是变化的,其中例(1)、例(2)使用了副词"都",例(3)、例(4)使用了副词"也",例(1)、例(3)是肯定形式,例(2)、例(4)是否定形式。

(二)"哪儿₁"

"哪儿₁"位于句首,是句子的主语,疑问代词放置在句子末尾,是汉语的一种正常现象，位于句首是疑问代词非疑问用法的显性句法标志。例如：

（1）操场那么点地方挤了几千人，哪儿都乱糟糟的。

（2）我想明白了。哪儿也不好，还是家好。

例（1）、例（2）中"哪儿₁"表示任何一个地方，都是句子的主语。

（三）副词

"哪儿₁"类周遍句使用的副词有两个："都"和"也"。副词"都"在肯定形式中占优势，"也"在否定形式中占优势。例如：

（1）星罗棋布，哪儿都坐着人。

（2）哪儿都不凉快。

（3）哪儿也乱糟糟的，没有人维持秩序。

（4）这边墙上呢，哪儿也没钉子。

例（1）、例（2）使用了副词"都"，例（1）是肯定形式，例（2）是否定形式；例（3）、例（4）使用了副词"也"，例（3）是肯定形式，例（4）是否定形式。

（四）谓语

"哪儿₁"指具体的地点，属于基本语义范畴，最容易被人识别，所以"哪儿₁"类周遍句的数量最多，对谓语的句法要求最低，甚至一些边缘性的句法成分可以有限地充当句子的谓语。

"哪儿₁"类周遍句的谓语可以由形容词性成分或动词性成分充当。

1. 形容词性成分

"哪儿₁"类周遍句的谓语可以由形容词或形容词性短语充当。

做谓语的形容词可以是性质形容词，也可以是状态形容词，最常出

131

现的形容词包括"好""一样""合适"。例如：

（1）只要你想去的地方，哪儿都好。

（2）天黑了，哪儿都黑不溜秋的。

例（1）谓语是性质形容词"好"；例（2）谓语是状态形容词"黑不溜秋"。

做谓语的形容词性短语类型主要是状中关系短语，状语可以是副词或比较结构。例如：

（1）足见这片国土，哪儿也非常安全。

（2）哪儿都比家里好。

例（1）谓语由状中关系短语"非常安全"充当，状语是副词；例（2）谓语由状中关系短语"比家里好"充当，状语是比较结构。

除了一般的形容词性成分之外，表示状态、性质等结果意义的名词性词组也可以有限的充当句子的谓语，实际语料较少。例如：

（1）全国人民都趁着国庆扎堆旅游，哪儿都很多人。

（2）票时经理说，可以开1.35万元，哪儿都这个价。李玉堂一口回绝。

例（1）谓语由名词词组"很多人"充当，表示状态意义；例（2）谓语由名词性短语"这个价"充当，表示状态意义。

2. 动词性成分

"哪儿$_1$"类周遍句谓语可以由单个动词或动词性短语充当。

谓语可以由单个动词充当，动词类型主要是趋向动词、存现动词、能愿动词，主要以趋向动词为主。最常出现的趋向动词是"去"；最常出现的存现动词是"有"；最常出现的能愿动词是"可以"。例如：

（1）他喜欢到处走，哪儿也去。

（2）这么平常的商品，哪儿都有。

（3）我不挑地方，哪儿都可以。

例（1）谓语由趋向动词"去"充当；例（2）谓语由存现动词"有"充当；例（3）谓语由能愿动词"可以"充当。

动词性短语可以充当句子谓语，主要类型包括动宾关系短语、状中关系短语、动补关系短语、兼语结构短语，最常见的是状中关系短语。

动宾关系短语可以充当谓语，动词可以是动作动词、存现动词"有"、判断动词"是"。例如：

（1）屋旮旯，哪儿都藏不了人。

（2）你看，书店里，书摊上，哪儿都有"女性热"。

（3）似乎哪儿都是他的栖身之处，哪儿都是他的家。

例（1）谓语由动宾关系短语"藏不了人"充当，动词是动作动词"藏"；例（2）谓语由动宾关系短语"有'女性热'"充当，动词是存现动词"有"；例（3）谓语由动宾关系短语"是他的家"充当，动词是判断动词"是"。

状中关系短语可以充当谓语，状语类型包括情态助词、比况结构，最常见的是情态助词做状语。例如：

（1）反正军队开到哪儿，哪儿都会冒出一批向他摇尾哈腰的奴才走狗。

（2）哪儿都像被轰炸过一样，到处都是残垣断壁。

例（1）谓语由状中关系短语"会冒出一批向他摇尾哈腰的奴才走狗"充当，状语是情态助词；例（2）谓语由状中关系短语"像被轰炸过一样"充当，状语是比况结构。

动补关系短语可以充当谓语，补语类型是可能补语，常见动词包括

"看""比"等。例如：

(1) 要是广州守不住，哪儿也守不住。

(2) 咱这地方空气新鲜，鸟语花香的，哪儿也比不上哩。

例（1）谓语由动补关系短语"守不住"充当，补语是可能补语；例（2）谓语由动补关系短语"比不上"充当，补语也是可能补语。

兼语结构短语可以充当谓语，常见动词是"让""有"。例如：

(1) 盲流一无所有，哪儿都不让他们去。

(2) 刘波面子大，哪儿都有人殷勤奉承。

例（1）谓语由兼语结构短语"不让他们去"充当；例（2）谓语由兼语结构短语"有人殷勤"充当。

除了一般的动词性成分之外，表示状态意义的小句结构也可以有限的充当谓语，语料较少。例如：

哪儿也是人少货不多。

例句中谓语由紧缩结构"人少货不多"充当。

我们将从语义角度出发，探讨"哪儿$_1$"类周遍句成分的语义特征、语义关系等问题。

二、语义内容

（一）句式的语义特点

周遍句构式的意义是周遍义，表示不管条件是事件所涉及的任何要素，结果都是具有某种性质、处于某个状态、具有其他谓语表示的结果意义。疑问代词"哪儿$_1$"指具体的地点、场所，所以"哪儿$_1$"类周遍句的句式意义是：不管条件是任何具体地点或场所，结果都是具有某种性质、处于某种状态、具有其他谓语表示的结果意义。例如：

(1) 一直要到春天，还有雨雪，哪儿都不好过。

(2) 要说对待儿媳呀，哪儿也没有这么恶毒的婆婆。

例（1）主语和谓语是条件和结果的关系，"哪儿$_1$"表示任何一个地点，结果都是处于"不好过"的状态；例（2）"哪儿$_1$"表示任何实际的场所，结果都是"没有这么恶毒的婆婆"。

（二）"哪儿$_1$"

在《现代汉语八百词》中，"哪儿"有五个义项：第一，表示询问处所；第二，用于虚指；第三，用于任指；第四，用于反问；第五，单独或重复用在答话里，表示否定。周遍句中"哪儿"的意义是第三项，表示任指。《现代汉语八百词》里面体现的是"哪儿"的功能分类，在具体的任指用法中，根据前一小节的探讨，我们可以知道"哪儿$_1$"指具体的地点意义。例如：

(1) 有钱，哪儿也有东西卖。

(2) 只有新奇与欢笑，哪儿都是他们的游乐场。

例（1）"哪儿$_1$"指的是任何具体的场所；例（2）"哪儿$_1$"指任何实际的地点。

"哪儿$_1$"的语义特征是有定性，属于全量表达。"哪儿$_1$"表示指称意义，可以是有限的，也可以是无限的。例如：

(1) 县与县乃至乡与乡之间出现工业结构重复现象，哪儿都是轻工、化工、纺织等八大产业。

(2) 她二十一号开始等，哪儿也不敢去。

例（1）、例（2）中"哪儿$_1$"都是有定的、全量表达。例（1）"哪儿$_1$"指的是"县与县乃至乡与乡之间"范围内的任何地点，属于有限任指；例（2）没有语义指称的范围限制，"哪儿$_1$"指世界上任何场所，属于无限任指。

综上所述，"哪儿$_1$"的语义内容是指代具体的地点，语义属性是有定、有限或无限、全量。

（三）副词

"都"的意义是从总括全部对象的意义中延伸出的，有和"不论、无论、不管"搭配的用法，表示强调。"也"的意义是"表示无论假设成立与否，后果都相同"。例如：

（1）玛格丽特似乎谁都认识，哪儿都去过。

（2）哪儿也没有你这么不讲理的人。

例（1）使用副词"都"，表示不管任何场所，状态都是"去过"；例（2）使用副词"也"，表示不管任何场所，结果都一样是"没有你这么不讲理的人"。

（四）谓语

"哪儿$_1$"类周遍句的谓语可以由形容词性成分或动词性成分充当。形容词性成分表示事物属性，由于周遍句具有主观性，所以形容词性成分充当谓语的周遍句表示说话人主观认定事物具有的性质，带有虚拟属性。动词性成分可以是单个动词，也可以是动词性短语，单个动词包括趋向动词、存现动词、能愿动词，其中趋向动词表示实际发生的动作意义，如果时态是过去时和现在时，那么谓语的意义一般是描述事实情况，带有现实性，如果是将来时，那么表示没有发生的事情，带有虚拟性；存现动词表示说话人主观判断事物的存在状态；能愿动词表示说话人对动作情况的判断、期望等，这些动词的意义都带有虚拟属性。动词性短语包括动宾关系短语、动补关系短语、兼语结构短语、状中关系短语等，其中动宾关系短语、动补关系短语和兼语结构短语需要根据动词的意义和时态来判断其属性；而状中关系短语中状语是情态助词、比况结构时，表示的内容是说话人主观的判断，带有虚拟属性。

综上所述，"哪儿₁"类周遍句的谓语意义既可以是现实的，也可以是虚拟的。

当"哪儿₁"类周遍句的谓语表示现实意义时，句子是对现实事件实际发生情况进行描写和说明，具有较强的客观性。现实意义类谓语只能由动词性成分充当，表示过去或现在发生的动作、行为。例如：

（1）由五十六岁起周游天下四十年，哪儿都去。

（2）哪儿都打"怀药"名，使其价格、声誉蒙受惨重损失。

例（1）谓语由趋向动词"去"充当，句子描述是"由五十六岁起"发生的事实；例（2）谓语由动宾关系短语"打'怀药'名"充当，句子描述的现实实际的情况。

当"哪儿₁"类周遍句谓语表示虚拟意义时，句子是对未发生、想象、假设等虚拟的事实情况进行描写和说明，具有较强的主观性。虚拟意义类谓语可以由形容词性成分或动词性成分充当。

句子谓语由形容词性短语充当，表示虚拟意义，是说话人对于事物属性的主观判断。例如：

（1）我想去任何地方，哪儿都好。

（2）我昨晚回家也超堵的，哪儿都很堵啊。

例（1）谓语由形容词"好"充当，表示地点性质的判断，句子表示的是一种虚拟意义；例（2）谓语由形容词性短语"很堵"充当，表示地点的状态，属于虚拟性质。

句子谓语由动词性成分充当，表示虚拟意义，是对未实际发生的动作、行为的描述，事物属性的判断，或是说话人对于动作进行情况的判断、期望等主观内容的表达。例如：

（1）只要换个地方就行，哪儿都可以。

（2）旧社会的迷信，哪儿都有拴娃娃的。

（3）海太多了，哪儿都是海。

（4）一个从头到脚的大背包，哪儿都敢去。

（5）你这么懒散，哪儿都不会要你。

（6）整个战场防线全面崩溃，哪儿都守不住。

（7）看着熟悉的场景，哪儿都让他伤心欲绝。

例（1）谓语由能愿动词"可以"充当，表示说话人的主观意愿；例（2）谓语由动宾关系短语"有拴娃娃的"充当，表示存在的状态；例（3）谓语由动宾关系短语"是海"充当，表示存在状态意义；例（4）谓语由状中关系短语"敢去"充当，表示说话人主观的判断；例（5）谓语由状中关系短语"不会要你"充当，表示主观判断；例（6）谓语由动补关系短语"守不住"充当，表示事实发展的判断；例（7）谓语由兼语结构短语"让他伤心欲绝"充当，表示心理活动。

（五）语义关系

"哪儿₁"类周遍句中"哪儿₁"表示具体的地点，句子主谓之间的语义关系类型主要有以下三种。

第一种，"哪儿₁"做受事。受事是动作或行为的对象，句子主谓之间的语义关系是动作的对象和动作之间的关系。例如：

前面部队溃散了，哪儿也防守不了了。

例句中"哪儿₁"指的是地点，是动作"防守"的对象。

第二种，"哪儿₁"做终点。终点是动作结束的地点，句子主谓之间的语义关系是动作结束的地点和动作之间的关系。例如：

我从不拒载，哪儿都去。

例句中"哪儿₁"是动作"去"的终点。

第三种，"哪儿₁"做主事。句子主谓之间语义关系是性质、状态、变化性事件的主体和性质、状态、变化状态之间的关系。例如：

在我看来，哪儿都一样。

例句中"哪儿₁"是性质"一样"的主体。

周遍句主谓之间的语义关系取决于疑问代词，"哪儿₁"指称性强，其语义角色及句式主谓之间的语义关系类型比较丰富，有三种。由于"哪儿₁"指代地点意义，所以决定了"哪儿₁"偏向充当被动性、被描述性的语义角色。

（六）构式的语义压制

"哪儿₁"类周遍句是一个紧缩构式，一方面，构式存在着句法准入条件，句法结构必须表示性质、状态、结果意义才能充当谓语；另一方面，构式存在着压制现象，进入构式充当谓语会被压制成表示性质、状态、结果意义。

首先，充当"哪儿₁"类周遍句谓语的句法成分都具有性质、状态、结果意义。

形容词性成分的意义是事物的属性或状态，是一种结果，因此，一般都可以充当句子谓语。动词性成分必须体现出性质、状态、结果意义，特殊性谓语成分也必须具有性质、状态、结果意义才能进入周遍句。例如：

（1）厦门的海滩很漂亮，哪儿都美。

（2）哪儿都去不了。

（3）哪儿都这个价。

例（1）谓语"美"表示事物的性质；例（2）谓语"去不了"表示动作的状态；例（3）谓语"这个价"是名词词组，表示处于"这个价"的状态。

其次，句法成分进入构式后，被构式压制成表示性质、状态、结果意义。例如：

你看，书店里，书摊上，哪儿都有人看书。

例句中谓语"有人看书"表示存在某个现象，进入构式后，表示存在该现象的状态。

三、语用功能

（一）句式的表达功能

"哪儿$_1$"类周遍句中"哪儿$_1$"指具体的地点，句式的语用功能可以是叙事描写或演绎论断。

"哪儿$_1$"类周遍句可以用于对事件进行描写，句子谓语由现实意义类句法单位充当，说话人使用周遍句仅是对事实内容进行概括说明、总结性描写，偏向于客观。例如：

由五十六岁起周游天下四十年，哪儿都去。

例句中说话人使用周遍句对现实情况进行总结，偏向于客观。

"哪儿$_1$"类周遍句可以对事实情况作出主观推理、判断，偏向于主观，句子谓语由表示虚拟意义的句法成分充当。说话人使用周遍句来加强对主观性态度的表达，比如，增强命令语气或凸显说话人的某种情绪等，这种情绪既可以是积极的，也可以是消极的。例如：

（1）哪儿都不许去，老实在家待着。

（2）他们对度假村很满意，哪儿都特别美。

(3) 哪儿也没有好事发生，气氛有点低落。

例（1）表达的内容是说话人的命令，周遍句能够有效增强说话人的语气、语势；例（2）通过说话人对事实情况的主观判断，凸显说话人的积极情绪；例（3）通过说话人对事态发展的判定，凸显出消极的悲观情绪。

"哪儿$_1$"类周遍句语用功能实现的关键因素是"哪儿$_1$"的指称意义。由于"哪儿$_1$"虚化程度低，指称性强，主观性弱，所以"哪儿$_1$"类周遍句的语用功能更偏向于叙事描写。

（二）句式主观性分析

"哪儿$_1$"类周遍句带有主观性，主要是由两个因素促成：①条件和结果的认定，这属于说话人"自我"的体现；②绝对化情况的内容，周遍句表示没有例外的绝对情况，现实世界不存在绝对化的极端情况，这种人为将事实情况进行夸张化处理的内容带有明显的主观性。例如：

天不怕，地不怕，哪儿都敢去。

例句中表示不管任何地点，结果都"敢去"，句子条件和对象是"哪儿$_1$"指代的任何地点，这是说话人主观认定的，体现出主观性，并且说话人主观上扩大地点范围到所有地点，表明一种绝对、完全的极端情况，属于说话人的夸张处理，也带有主观性。

"哪儿$_1$"类周遍句既可以进行客观事实描写，也可以表达主观情绪，大部分的"哪儿$_1$"周遍句都是在叙事描写和演绎论断的连续统中分布的，不同语用功能的句子主观性强度也不相同。在"哪儿$_1$"类周遍句中，谓语表示现实意义的句子主观性弱于谓语表示虚拟意义的句子。"哪儿$_1$"可以是有限指称，也可以是无限指称，有限指称的"哪儿$_1$"由于带有指称意义，主观性弱一点，所以，有限的"哪儿$_1$"类周遍句主观性弱于无限的"哪儿₁"类周遍句。综上所述,"哪儿₁"类周遍句主观性强度的连续统如下：

客观性最强　　　有限的"哪儿₁"类（现实意义类）

　　　　　　　　无限的"哪儿₁"类（现实意义类）

⬇　　　　　　　有限的"哪儿₁"类（虚拟意义类）

主观性最强　　　无限的"哪儿₁"类（虚拟意义类）

不同类型的"哪儿₁"类周遍句主观性强度不相同,例如：

（1）公园这么大的地方,哪儿都找过了,就是没发现那几个孩子。

（2）哪儿都去过,我也算是旅游达人了。

（3）祖国大地的每一处山山水水,哪儿都想去看看。

（4）哪儿也不是你撒野的地方。

例（1）"哪儿₁"指"公园"里面的任何地点,有指称范围限制,谓语"找过了"是对发生动作的描述,是有限的现实意义类；例（2）"哪儿₁"没有指称范围,谓语"去过"表示已经发生的动作,是无限的现实意义类；例（3）"哪儿₁"指"祖国大地"的任何地点,有指称范围限制,谓语"想去看看"表示说话人主观的想法,属于有限的虚拟意义类；例（4）"哪儿₁"指任何地点,没有指称范围限制,谓语"不是你撒野的地方"是说话人主观的性质判断,属于无限的虚拟意义类。从例（1）到例（4）主观性强度是逐渐增强的。

（三）语用效果分析

"哪儿₁"类周遍句语用效果表达依靠的手段是对比和夸张。首先,通过条件分句和结果分句的对比,凸显谓语部分的意义内容；其次,以夸张化手段处理条件部分,反衬谓语的意义内容,引起听话人的重视和注意，表达出语句内容的重要性和紧迫性，达到移情的语用效果，以实现语用目的和交际意图。例如：

（1）哪儿也没有你这样的人。

（2）我只要有钱，哪儿都可以去。

例（1）表示无论任何一个地点，结果都"没有你这样的人"，夸张化处理表达出说话人对听话人的厌烦情绪；例（2）表示不管条件是任何场所，结果都是"可以去"的状态，说话人将状态的地点范围夸张化处理，表达出说话人自由的个性。

从系统整体性的角度看，疑问代词"哪儿$_1$"表示绝对化指称，经过副词"都""也"的约束，夸张化处理条件对象，来表达说话人的语用意图。例如：

（1）一样吃五谷杂粮，哪儿都能出能人。

（2）论生活舒适环境清幽，哪儿也不如我们小县城好。

例（1）"都"总括"哪儿"表示的任何地点，凸显说话人的肯定语气；例（2）"也"通过类指"哪儿"表示的所有场所，凸显说话人自豪的情绪。

从构造和意义的角度看，句式缩减以后，说话人可以额外添加其他句法成分，表达更加丰富的意义和情感。例如：

（1）只要哪儿都没有他，不用想，肯定就是在网吧。

（2）*只要不管哪儿都没有他，不用想，肯定就是在网吧。

例（1）"哪儿$_1$"带有无条件让步意义，没有连词，能够额外添加连词"只要"，表示额外的条件意义；例（2）带有连词，不能添加额外的连词"只要"。

从语言系统和现实的角度看，句式形式的缩减能够有效地增强说话人的语气、语势，凸显语义内容的主观性，更好地表达说话人的主观情绪。例如：

（1）不管是哪儿，都有自私的人。

（2）哪儿都有自私的人。

例（1）是表示周遍义的复句形式，句法结构完整，语气委婉；例（2）是单句形式的周遍句，经过缩减到最简形式，句式语气得到加强。

（四）句式组件的语用功能

1. "哪儿₁"

"哪儿₁"的语用功能是通过指代手段为句子提供有定主语条件对象，和谓语的结果意义相照应，构成陈述和被陈述的关系。例如：

（1）这是真的，哪儿也没有这里的味道好吃。

（2）还是家里最好，哪儿都比不上家里。

例（1）"哪儿₁"指称任何一个场所，例（2）"哪儿"表示"家里"之外的任何地方，都表示句子的条件对象，和谓语意义相对应。

2. 副词

"哪儿₁"类周遍句中副词的语用功能凸显了不同语气，"都"表示强调语气，"也"表示委婉转折语气。例如：

（1）想吃好东西，哪儿都愿意去。

（2）除了饭厅之外，哪儿也没有灯光。

例（1）"都"表示强调语气，强调任何地方都是结果"愿意去"；例（2）"也"表示委婉语气，表示条件任何地点和结果"没有灯光"的转折关系。

3. 谓语

汉语属于信息尾重型语言，"哪儿₁"类周遍句是典型的信息尾重型句式，谓语部分是句子的语义重心和语用焦点。例如：

我不光说我那县，哪儿都是结成网。

例句中"哪儿₁"轻读，"是结成网"是句子的语用焦点，是说话人想要凸显的语义内容。

第三节 "哪儿₂"类周遍句

本小节从句法、语义、语用三个方面对"哪儿₂"类周遍句进行描述和分析，其中"哪儿₂"指代部门、物体的部件、身体的部位等抽象的地点意义。

一、句法结构

（一）句式的句法结构

"哪儿₂"类周遍句的句法结构是："哪儿₂+都/也+谓语"，句式既有肯定形式，也有否定形式，"哪儿₂"和副词是固定的，谓语是变化的。例如：

(1) 公司里这么多部门，哪儿都把我往外推。
(2) 我现在浑身是刺儿，哪儿都不能碰了。
(3) 衣服不合身，哪儿也短。
(4) 兽医检查下来，哪儿也没病。

例（1）"哪儿"指"公司"的"部门"；例（2）"哪儿"指身体部位；例（3）"哪儿"指"衣服"的一部分；例（4）"哪儿"指动物身体的一部分，它们都属于"哪儿₂"类周遍句，"哪儿₂"和副词是固定的，谓语是变化的。其中，例（1）、例（2）使用了副词"都"，例（3）、例（4）使用了副词"也"；例（1）、例（3）是肯定形式，例（2）、例（4）是否定形式。

（二）"哪儿$_2$"

"哪儿$_2$"位于句首，是句子的主语，疑问代词放置在句子末尾，是汉语的一种正常现象，位于句首是疑问代词非疑问用法的显性句法标志。例如：

（1）胳膊、肩膀、鼻子、身上，哪儿都是淤泥。

（2）老人上岁数了，哪儿也不舒服。

例（1）"哪儿$_2$"表示身体部位，是句子主语；例（2）"哪儿$_2$"指代身体任何部位，是句子主语。

（三）副词

"哪儿$_2$"类周遍句使用的副词有两个："都"和"也"。副词"都"在肯定形式中占优势，"也"在否定形式中占优势。例如：

（1）浑身上下都伤了，哪儿都疼。

（2）这个机器非常贵，哪儿都碰不得。

（3）这台自行车特别老旧，骑上它，除了铃，哪儿也响。

（4）医生检查了一下，哪儿也没病。

例（1）、例（2）使用了副词"都"，例（1）是肯定形式，例（2）是否定形式；例（3）、例（4）使用副词"也"，例（3）是肯定形式，例（4）是否定形式。

（四）谓语

"哪儿$_2$"类周遍句中"哪儿$_2$"表示物体的组件或身体部位，属于次边缘语义范畴，识别和使用度一般，对谓语的句法要求中等，没有边缘性句法成分充当谓语的情况。

"哪儿₂"类周遍句谓语可以由形容词性成分和动词性成分充当。

1. 形容词性成分

"哪儿₂"类周遍句的谓语可以由形容词或形容词性短语充当。

做谓语的形容词既可以是性质形容词，也可以是状态形容词，常见的形容词包括"好""坏""笨"等。例如：

（1）他手笨，哪儿都笨。

（2）他生下来就黑，哪儿都黑不溜秋的，好像个煤球一样。

例（1）谓语由性质形容词"笨"充当；例（2）谓语由状态形容词"黑不溜秋"充当。

做谓语的形容词性短语类型包括带有补语成分短语和状中关系短语，状中关系短语的状语一般由副词或"把"字结构充当。例如：

（1）小王通过了体检检测，哪儿都特别健康。

（2）工厂里面不需要他，哪儿都把他排除在外。

（3）他特别健康，身体充满活力，哪儿都好得过分。

例（1）谓语由状中关系短语"特别健康"充当，状语是副词；例（2）谓语由状中关系短语"把他排除在外"充当，状语是"把"字结构；例（3）谓语由带有补语成分的短语"好得过分"充当。

2. 动词性成分

"哪儿₂"类周遍句的谓语可以由单个动词或动词性短语充当。

单个动词可以充当句子谓语，主要是动作动词、心理动词、能愿动词。常见的动作动词有："换""改"等；常见的心理动词有："喜欢"等；常见的能愿动词有："可以"等，例如：

（1）这部机器被大修了，哪儿都换了。

147

(2) 这套组合柜是纯实木手工打造的，他特别满意，哪儿都喜欢。

(3) 机器你可以随便拆开研究，哪儿都可以。

例（1）谓语由动作动词"换"充当；例（2）谓语由心理动词"喜欢"充当；例（3）谓语由情态动词"可以"充当。

动词性短语的类型包括状中关系短语、动宾关系短语和动补关系短语等，最常见的是状中关系短语。

状中关系短语可以充当句子谓语，状语可以由情态助词、比况结构等充当。例如：

(1) 她不金贵，哪儿都能碰。

(2) 一张白净的小圆扁脸，哪儿都好像会发笑。

例（1）谓语由状中关系短语"能碰"充当，状语是情态助词；例（2）谓语由状中关系短语"好像会发笑"充当，状语是比况结构。

动宾关系短语可以充当谓语，动词可以是动作动词、存现动词"有"或判断动词"是"。例如：

(1) 这个机器怪得很，哪儿都发着光。

(2) 我们公司虽然很大，但是，哪儿也没有他的位置。

(3) 他狠狠摔了一下，哪儿都是青的，身上没一个好地方。

例（1）谓语由动宾关系短语"发着光"充当；例（2）谓语由动宾关系短语"没有他的位置"充当；例（3）谓语由动宾关系短语"是青的"充当。

动补关系短语可以充当谓语，补语的类型可以是数量补语、可能补语、结果补语。例如：

(1) 这春花个头大，换上刘梅的衣服，活像用小竹叶包了大粽子，哪儿都短一截。

(2) 衣服太小,身子太大,哪儿都包不住。

(3) 晴天的风像一群白鸽子钻进他的纺绸裤裆里去,哪儿都钻到了。

例(1)谓语由动补关系短语"短一截"充当,补语是数量补语;例(2)谓语由动补关系短语"包不住"充当,补语是可能补语;例(3)谓语由"钻到了"充当,补语是结果补语。

二、语义内容

(一)句式的语义特点

周遍句构式的意义是周遍义,表示不管条件是事件所涉及的任何要素,结果都是具有某种性质、处于某个状态、具有其他谓语表示的结果意义。"哪儿$_2$"表示部门、物体、物件的一部分、身体的部位等抽象地点意义,所以"哪儿$_2$"类周遍句的句式意义可以概括成:不管条件是任何部门、物体部件、身体组织等抽象地点意义,结果都是具有某种性质、处于某种状态、具有其他谓语表示的结果意义。例如:

(1) 我生病了,哪儿都疼,不想起床。

(2) 我们生产这种机器好几年,经验丰富,你尽管用,哪儿都坏不了。

例(1)主语和谓语是条件和结果的关系,表示"我"身体任何部位都处于"疼"的状态;例(2)表示不管"机器"的任何"零件",结果都是"坏不了"。

(二)"哪儿$_2$"

"哪儿$_2$"替代部门、身体部位、物体的零件,"哪儿$_2$"的意义是根据"哪儿$_1$"的意义隐喻而来,将部门、身体部位或物体部件等比喻成一个地点意义，从而产生指称关系，属于次边缘语义范畴。例如：

（1）自行车除了铃不响，哪儿都响。

（2）老王是这个家庭的大管家，哪儿都离不开他。

例（1）"哪儿$_2$"指代的是"自行车"的零件，是将零件看成一个抽象的地点信息；例（2）"哪儿$_2$"指"家庭"的任何"部门"，将其比喻成一个抽象的地点意义。

"哪儿$_2$"的语义特征是有定的，属于全量表达，"哪儿$_2$"是具有替代性质，必须是有限的。例如：

不断地出毛病，除了壳没换，哪儿都换过了。

例句中"哪儿$_2$"是有定的、全量表达，"哪儿$_2$"替代"除了壳"的部件，属于有限任指。

综上所述，"哪儿$_2$"的语义内容是表示部门、身体部位等抽象地点意义，语义属性是有定、有限、全量。

（三）副词

"都"的意义是从总括全部对象的意义中延伸出的，有和"不论、无论、不管"搭配的用法，表示强调。"也"的意义是"表示无论假设成立与否，后果都相同"。例如：

（1）这台机器是新的，哪儿都新。

（2）这种鱼有毒，哪儿也不可以吃。

例（1）使用副词"都"，表示不管是"机器"的任何部分，都处于状态"新"；例（2）使用副词"也"，表示不管是"鱼"的任何部位，结果都一样"不可以吃"。

（四）谓语

"哪儿$_2$"类周遍句的谓语可以由形容词性成分或动词性成分充当。

形容词性成分表示事物属性，由于周遍句具有主观性，所以形容词性成分充当谓语的周遍句表示说话人主观认定事物的性质，带有虚拟属性。动词性成分可以是单个动词，也可以是动词性短语，单个动词包括动作动词、心理动词、能愿动词，其中动作动词表示实际发生的动作，如果时态是过去时和现在时，那么谓语的意义一般是描述事实情况，带有现实性，如果是将来时，那么表示没有发生的事情，带有虚拟性；心理动词表示人类的内心活动、情感状态；能愿动词表示说话人对动作情况的判断、期望等，这些动词的意义都带有虚拟属性。动词性短语包括动宾关系短语、动补关系短语、状中关系短语等，其中动宾关系短语、动补关系短语需要根据动词的意义和时态来判断其属性；而在状中关系短语中，当状语是介宾结构时，需要根据动词进行判断，当状语是情态助词、比况结构时，表示的内容是说话人主观的判断，带有虚拟属性。

综上所述，"哪儿$_2$"类周遍句的谓语意义既可以是现实的，也可以是虚拟的。

当"哪儿$_2$"类周遍句谓语表示现实意义时，句子对现实事件实际发生情况进行描写，具有较强的客观性。现实意义类谓语只能由动词性成分充当，表示过去或现在发生的动作、行为。例如：

这台破车大修过好几次，哪儿都换了个遍。

例句中谓语是动词性短语"换了个遍"，句子描述事实情况。

当"哪儿$_2$"类周遍句的谓语表示虚拟意义时，句子是对未发生、想象、假设等虚拟事实情况进行描写，具有较强主观性。虚拟意义类谓语可以由形容词性成分或动词性成分充当。

句子谓语由形容词性短语充当，是说话人对于事物属性的主观判断，属于虚拟意义范畴。例如：

151

她身轻如燕，哪儿都灵活。

例句中谓语由形容词"灵活"充当，表示"她"身体各部位都具有属性"灵活"，属于虚拟意义范畴。

句子谓语由动词性成分充当，表示虚拟意义，是对未实际发生的动作、行为的描述，事物属性的判断，或是说话人对于动作进行情况的判断、期望等主观内容的表达。例如：

（1）哪儿都疼，浑身都不好受。

（2）噢，那好吧。不过，哪儿也不准乱碰。

（3）一张白净的小圆扁脸，哪儿都好像会发笑。

（4）他年轻时候总是酗酒，老了之后身体肯定不好，哪儿都是病。

（5）他们正向着案件的核心奔去，而他呢，哪儿也达不到。

例（1）谓语由动词"疼"充当，句子表示说话人的主观感受；例（2）谓语由状中关系短语"不准乱碰"充当，句子表示说话人的主观情态意义；例（3）谓语由状中关系短语"好像会发笑"充当，句子表示虚拟意义的事实；例（4）谓语由动宾关系短语"是病"充当，表示状态意义；例（5）谓语由动补关系短语"达不到"充当，表示存在的状态，属于虚拟意义范畴。

（五）语义关系

"哪儿$_2$"类周遍句中"哪儿$_2$"表示部门、物体部件、身体部位等，句子主谓之间的语义关系类型主要有以下四种。

第一种，"哪儿$_2$"做施事。施事是自主行为、动作的发出者，句子主谓的语义关系是动作发出者和所发出的动作之间的关系。例如：

小杨个性太强，在工厂不太受欢迎，哪儿都推他出去。

例句中"哪儿$_2$"是施事，是谓语表示的动作"推"的发出者。

第二种，"哪儿$_2$"做感事。感事是非自主感知事件的主体，句子主谓的语义关系是感知事件的主体和感知动作之间的关系。例如：

魏强趴在地上动动四肢，摇摇头，哪儿也没感到不舒服。

例句中"哪儿$_2$"是动作"感到"的感受部位。

第三种，"哪儿$_2$"做受事。受事是动作或行为的对象，句子主谓之间的语义关系是动作的对象和动作之间的关系。例如：

哪儿都摸过了。

例句中"哪儿$_2$"指的是部位，是动作"摸"的对象。

第四种，"哪儿$_2$"做主事。句子主谓之间语义关系是性质、状态、变化性事件的主体和性质、状态、变化状态之间的关系。例如：

小王体检通过，哪儿都合格。

例句中"哪儿$_2$"是性质"合格"的主体。

周遍句主谓之间的语义关系取决于疑问代词，"哪儿$_2$"指称性强，其语义角色及句式主谓之间的语义关系类型是所有"哪儿"类周遍句中最多的，有四种。由于"哪儿$_2$"指代抽象地点意义，所以决定了"哪儿$_2$"偏向充当被动性、被描述性的语义角色。

（六）构式的语义压制

"哪儿$_2$"类周遍句是一个紧缩构式。一方面，构式存在着句法准入条件，句法结构必须表示性质、状态、结果意义才能充当谓语；另一方面，构式存在着压制现象，进入构式充当谓语会被压制成表示性质、状态、结果意义。

首先，充当"哪儿$_2$"类周遍句谓语的句法成分都具有性质、状态、结果意义。

形容词性成分的意义是事物的属性或状态，是一种结果，因此，一般都可以充当句子谓语。动词性成分必须体现出性质、状态、结果意义。例如：

（1）这台车刚刷完几天，哪儿都干净。

（2）只要你付钱买了房，哪儿都可以给你换。

例（1）谓语"干净"表示事物的性质；例（2）谓语"可以给你换"表示说话人认定动作发生情况的状态意义。

其次，当谓语进入构式后，被构式压制成表示性质、状态、结果意义。例如：

就是摔了一下，哪儿也没摔坏。

例句中谓语"没摔坏"表示动作产生的结果，进入构式后，表示处于该结果的状态。

三、语用功能

（一）句式的表达功能

"哪儿$_2$"类周遍句中"哪儿$_2$"表示隐喻性的地点意义，句式的语用功能可以是叙事描写或演绎论断。

"哪儿$_2$"类周遍句进行叙事描写，句子谓语由现实意义类句法单位充当，说话人使用周遍句仅是对事实内容进行概括说明、总结性描写，偏向于客观。例如：

哪儿都换了，现在这台车就跟新的一样。

例句中说话人使用周遍句对事件实际发生情况进行描写，表示"车"的任何部件，都处于"换了"的状态，偏向于客观性描写。

"哪儿$_2$"类周遍句用于演绎论断时，偏向于主观，谓语由表示虚拟意义的句法成分充当。周遍句的使用可以有效加强主观性态度的表达效果。例如：

（1）婴儿抵抗力差，哪儿也不许摸。

（2）哪儿也没伤着，别担心。

（3）哪儿也不保养，机器早晚出毛病。

例（1）表达的内容是说话人的命令，周遍句能够有效增强说话人的语气、语势；例（2）通过说话人对事实情况的主观判断，凸显积极的情绪；例（3）表示任何部件都"不保养"，凸显出说话人焦虑、担心的消极情绪。

（二）句式主观性分析

"哪儿$_2$"类周遍句带有主观性，主要由两个因素促成：①主语疑问代词和谓语之间是条件和结果的关系，这种条件和结果关系的认定，属于说话人"自我"的体现；②绝对化的语义内容，周遍句表示没有例外的绝对情况，现实世界不存在绝对化的极端情况，周遍句的语义是说话人为了表示主观情绪，而人为将事实内容进行夸张化处理的情况。例如：

机器不合格，哪儿都不符合标准。

例句中表示条件是"哪儿$_2$"指代的任何零件，结果都"不符合标准"，这种条件和结果的关系是说话人主观认定的，同时，将"不符合标准"的属性对象扩大到所有对象的绝对化情况，属于夸张处理，体现了较强的主观性。

"哪儿$_2$"类周遍句既可以进行客观事实描写，也可以表达主观情绪，大部分的"哪儿$_2$"周遍句都是在叙事描写和演绎论断的连续统中分布的，句子主观性强度也不相同。在"哪儿$_2$"类周遍句中，谓语表示现实意义的句子主观性弱于谓语表示虚拟意义的句子，所以"哪儿$_2$"

类周遍句主观性强度的连续统如下：

客观性最强　　有限的"哪儿$_2$"类（现实意义类）

⬇

主观性最强　　有限的"哪儿$_2$"类（虚拟意义类）

不同类型的"哪儿$_2$"类周遍句主观性强度不相同，例如：

(1) 机器整个修了一遍，哪儿都换了，再出毛病就别找我们了。

(2) 哪儿也感觉不舒服，是不是感冒了？

例（1）谓语"换了"是对发生动作的描述，是现实意义类；例（2）谓语"感觉不舒服"表示说话人的主观感受，是虚拟意义类，例（2）主观性强于例（1）。

（三）语用效果分析

"哪儿$_2$"类周遍句语用效果表达依靠的手段是对比和夸张。首先，通过条件分句和结果分句的对比，凸显谓语部分的意义内容；其次，以夸张化手段处理条件部分，反衬谓语的意义内容，引起听话人的重视和注意，表达出语句内容的重要性和紧迫性，达到移情的语用效果，以实现语用目的和交际意图。例如：

(1) 蛇浑身上下都是宝，哪儿都可以入药。

(2) 这株植物娇贵得很，哪儿也摸不得。

例（1）表示无论是"蛇"的任何部位，结果都"可以入药"，夸张化处理表达出说话人对"蛇"价值的看重；例（2）表示不管条件是"这株植物"的任何部分，结果都是"摸不得"的状态，说话人将状态的地点范围夸张扩大到所有地点，表示出"植物"的"娇贵"。

从系统整体性的角度看,疑问代词"哪儿$_2$"表示绝对化指称,经过副词"都""也"的约束,来表达说话人的语用意图。例如:

(1) 吃完药之后,还是哪儿都疼。

(2) 这个产品不合格,哪儿也不符合标准。

例(1)"都"总括"哪儿$_2$"表示的任何部位,凸显说话人悲观的情绪;例(2)"也"通过类指"哪儿$_2$"表示的任何部件,结果都是"不符合标准",表达说话人的不满情绪。

从构造和意义的角度看,句式缩减以后,说话人可以额外添加其他句法成分,表达更加丰富的意义和情感。例如:

(1) 只要哪儿都不疼了,就说明感冒好了。

(2) *只要不管哪儿都不疼了,就说明感冒好了。

例(1)"哪儿$_2$"带有无条件让步意义,没有连词,能够添加连词"只要",表示额外的条件意义;例(2)带有连词,不能添加额外的连词"只要"。

从语言系统和现实的角度看,句式形式的缩减能够有效地增强说话人的语气、语势,凸显语义内容的主观性,更好地表达说话人的主观情绪。例如:

(1) 不管是哪儿,都不许换。

(2) 哪儿都不许换。

例(1)是复句形式,句法结构完整,语气委婉;例(2)是单句形式,句法结构紧凑、凝练,语气直接、强势,使说话人的情绪表达更完全。

（四）句式组件的语用功能

1. "哪儿$_2$"

"哪儿$_2$"的语用功能是通过指称为句子提供有定主语条件对象，和谓语的结果意义相照应，构成陈述和被陈述的关系。例如：

冯师死后，哪儿都可以烧，唯独这张嘴一定要割下来，永久保存，供人瞻仰。

例句中"哪儿$_2$"代替"冯师"的身体部位，是句子的有定主语条件对象，和谓语意义相照应。

2. 副词

"哪儿$_2$"类周遍句中的副词凸显了不同语气，"都"表示强调语气，"也"表示委婉转折语气。例如：

（1）这棵树可是有年头了，哪儿都显出老态。

（2）哪儿也不换，肯定是修不好这台机器的。

例（1）"都"表示强调语气，强调任何部位都是"显出老态"；例（2）"也"表示委婉语气，表示条件任何部件和结果"不换"的转折关系。

3. 谓语

汉语属于信息尾重型语言，"哪儿$_2$"类周遍句也是典型的信息尾重型句式，谓语部分是句子的语义重心和语用焦点。例如：

（1）他恢复了，哪儿都很健康。

例（1）"哪儿$_2$"轻读，谓语"很健康"是句子的语用焦点，是说话人想要凸显的语义内容。

第四节 "哪儿₃"类周遍句

本小节从句法、语义、语用三个方面对"哪儿₃"类周遍句进行描述和分析,"哪儿₃"指称意义弱化,以虚化的任指意义凸显说话人的情绪、意愿等主观性内容。

一、句法结构

(一)句式的句法结构

"哪儿₃"类周遍句的句法结构是:"哪儿₃+都/也+谓语",句式既有肯定形式,也有否定形式,疑问代词和副词部分是固定的,谓语是变化的。例如:

(1)他这个人,哪儿都好,就是烟瘾大。
(2)小王跟人家一比,哪儿也不好。

例(1)"哪儿"指个人的性质等特点,例(2)"哪儿"指抽象的品质特点,都是"哪儿₃"类周遍句。"哪儿₃"和副词是固定的,谓语是变项,例(1)使用了副词"都",是肯定形式,例(2)使用了副词"也",是否定形式。

(二)"哪儿₃"

"哪儿₃"位于句首,是句子的主语,疑问代词放置在句子末尾,是汉语的一种正常现象,位于句首是疑问代词非疑问用法的显性句法标志。例如:

我跟我闺女一比，哪儿都不好。

例句中"哪儿₃"都是句子的主语。

(三) 副词

"哪儿₃"类周遍句使用的副词有两个："都"和"也"。副词"都"在肯定形式中占优势，"也"在否定形式中占优势。例如：

(1) 他除了抽烟，哪儿都好。

(2) 我跟他差不多，哪儿都不比他差。

(3) 他人不错，哪儿也好，没有大毛病。

(4) 我看他人品就有问题，哪儿也不行。

例（1）、例（2）使用了副词"都"，例（1）是肯定形式，例（2）是否定形式；例（3）、例（4）使用副词"也"，例（3）是肯定形式，例（4）是否定形式。

(四) 谓语

"哪儿₃"类周遍句中"哪儿₃"指称性弱，语义内容虚化，属于边缘语义范畴，最不容易被人识别和使用，例句数量最少，对谓语的句法要求是"哪儿"类周遍句中最高的。

"哪儿₃"类周遍句的谓语可以由形容词性成分或动词性成分充当。

1. 形容词性成分

形容词可以充当句子谓语，可以是性质形容词，也可以是状态形容词，最常见的形容词是"好""一样"。例如：

(1) 她人品不错，哪儿都好，就是有点懒惰。

(2) 他除了一个干净模样，哪儿都窝里窝囊。

例（1）谓语是性质形容词"好"；例（2）谓语是状态形容词"窝里窝囊"。

形容词性短语主要是状中关系短语或动补关系短语，状语可以是副词、情态助词、比较结构，补语是可能补语。例如：

（1）他觉得他的爱人最好，哪儿都最好。

（2）双胞胎不止脾气一样，哪儿都可能一样。

（3）哪儿都比我强，我太没信心了。

（4）我不如你，哪儿都比不上。

例（1）谓语由状中关系短语"最好"充当，状语是副词；例（2）谓语由状中关系短语"可能一样"充当，状语是情态助词；例（3）谓语由状中关系短语"比我强"充当，状语是比较结构；例（4）谓语由动补关系短语"比不上"充当，补语是可能补语。

2. 动词性成分

动词性短语可以充当句子谓语，主要是由"比"构成的动宾关系短语或动补关系短语充当。例如：

（1）其他人没有他那么好，哪儿也比不上他。

（2）我比不上你，哪儿都比不上。

例（1）谓语由动宾关系短语"比不上他"充当；例（2）谓语由动补关系短语"比不上"充当。

二、语义内容

（一）句式的语义特点

周遍句构式的意义是周遍义，表示不管条件是事件所涉及的任何要素，结果都是具有某种性质、处于某种状态、具有其他谓语表示的结果意义，"哪儿$_3$"指称意义比较弱，主要凸显任指意义来表达主观性的内容，所以"哪儿$_3$"类周遍句的句式意义可以概括成：不管条件是任何地点信息，结果都是具有某些结果意义，以任指意义来凸显说话人的意愿、情绪等主观性内容。例如：

小王除了孝顺，哪儿都不好。

例句中主语和谓语是条件和结果的关系，"哪儿₃"弱化指称性，凸显任指意义，结果都具有性质"不好"，凸显说话人的失望等情绪。

（二）"哪儿₃"

"哪儿₃"指称性较弱，凸显任指意义，以此表达说话人的主观态度，属于边缘语义范畴。例如：

他可比不上你，哪儿也不如你。

例句中"哪儿₃"指的是虚化的位置信息，表示性格、品德等内容，凸显任指性，来表达说话人对"他"的厌恶。

"哪儿₃"的语义特征是有定的，属于全量表达。"哪儿₃"的意义内容虚化，必然是无限的。例如：

哪儿也不好，我还需要努力改进自己。

例句中"哪儿₃"是有定的、全量表达，属于无限任指。

综上所述，周遍句中"哪儿₃"语义内容凸显任指意义，语义属性是有定、无限、全量。

（三）副词

"都"的意义是从总括全部对象的意义中延伸出的，有和"不论、无论、不管"搭配的用法，表示强调。"也"的意义是"表示无论假设成立与否，后果都相同"。例如：

(1) 我觉得他是最好的人，哪儿都好。

(2) 我虽然不是最好的，但是，哪儿也比他强。

例(1)使用副词"都"，表示不管任何性格等，状态都是"好"；

例（2）使用副词"也"，表示不管任何品质，结果都一样是"比他强"。

（四）谓语

"哪儿₃"类周遍句的谓语可以由形容词性成分或动词性成分充当。形容词性成分表示事物的属性，由于周遍句具有主观性，所以形容词性成分充当谓语的周遍句表示说话人主观认定的事物性质，带有虚拟属性。动词性成分只能是"比"构成的动宾关系短语或动补关系短语，是说话人对动作性质或结果的主观判断，属于虚拟意义范畴。

综上所述，"哪儿₃"类周遍句的谓语只能表示虚拟意义，句子是对事物性质的判定，表示说话人的态度，具有极强的主观性。例如：

（1）他觉得他的爱人最好，哪儿都最好。

（2）我很自卑，哪儿都比不上你。

（3）我不如你，哪儿也比不上。

例（1）谓语由形容词性短语"最好"充当，是一种性质判定；例（2）谓语由动宾关系短语"比不上你"充当，是说话人对于属性的判断；例（3）谓语由动补关系短语"比不上"充当，是说话人主观的性质判断，具有虚拟属性。

（五）语义关系

"哪儿₃"类周遍句中"哪儿₃"虚指地点信息，主语和谓语之间的语义关系类型只有一种：

"哪儿₃"做主事。句子主谓的语义关系是性质、状态、变化性事件的主体和性质、状态、变化之间的关系。例如：

我跟我闺女一比，哪儿都不好。

例句中"哪儿₃"是性质"不好"的主体。

周遍句主谓之间的语义关系取决于疑问代词,"哪儿$_3$"指称性最弱,其语义角色及句式主谓之间的语义关系类型是所有"哪儿"类周遍句中最少的,只有一种。由于"哪儿$_3$"指代意义虚化,决定了"哪儿$_3$"偏向充当被动性、被描述性的语义角色。

(六) 构式的语义压制

"哪儿$_3$"类周遍句是一个紧缩构式。一方面,构式存在着句法准入条件,句法结构必须表示性质、状态、结果意义才能充当谓语;另一方面,构式存在着压制现象,进入构式充当谓语会被压制成表示性质、状态、结果意义。

首先,充当"哪儿$_3$"类周遍句谓语的句法成分都具有性质、状态、结果意义。

形容词性成分的意义是事物的属性或状态,是一种结果,因此,一般都可以充当句子谓语。动词性成分必须体现出性质、状态、结果意义。例如:

(1) 我就说她不行,哪儿都不好,人品有问题。

(2) 我很惭愧,哪儿都不如老王。

例(1)"不好"表示事物的性质;例(2)"不如老王"表示状态意义。

其次,句法成分进入构式后,被构式压制成表示性质、状态、结果意义。例如:

我承认我比不上他,哪儿都比不上。

例句中谓语"比不上"表示比较行为和结果,进入构式后,表示处于该结果状态中。

三、语用功能

（一）句式的表达功能

由于"哪儿$_3$"类周遍句的谓语只能是虚拟的，所以"哪儿$_3$"类周遍句只可以通过演绎论断来表达说话人的主观情绪，偏向于主观。例如：

他特别差，哪儿都比不上人家。

例句中"哪儿$_3$"的意义虚化，主要凸显"哪儿$_3$"的任指意义，表示说话人对"他"的性质判定，表达了对"他"的不满情绪。

"哪儿$_3$"类周遍句语用功能实现的关键因素是"哪儿$_3$"的指称意义。"哪儿$_3$"虚化程度高，指称意义极度虚化，"哪儿$_3$"类周遍句只能用于演绎论断。

（二）句式主观性分析

"哪儿$_3$"类周遍句带有主观性，主要由两个因素促成：①条件和结果的认定，这属于说话人"自我"的体现；②绝对化情况的内容，周遍句表示没有例外的绝对情况，现实世界不存在绝对化的极端情况，周遍句的语义是说话人为了表示主观情绪，而人为将事实内容进行夸张化处理的情况。和"哪儿$_1$""哪儿$_2$"相比较而言，"哪儿$_3$"的指称意义弱，任指意义凸显更强，主观性也就更强。例如：

哪儿都不如你，还怎么能当你的领导？

例句中句子带有无条件意义，是说话人主观认定的内容，且将"不好"的性质对象扩大到所有对象，是夸张处理，表现出极强的主观性。

（三）语用效果分析

"哪儿₃"类周遍句语用效果表达依靠的手段是对比和夸张。首先，通过条件分句和结果分句的对比，凸显谓语部分的意义内容；其次，以夸张化手段处理条件部分，反衬谓语的意义内容，引起听话人的重视和注意，表达出语句内容的重要性和紧迫性，达到移情的语用效果，以实现语用目的和交际意图。例如：

他就是比不上你，哪儿也比不上。

例句中表示条件不管是任何品格特点等，和谓语"比不上"相对比，夸张化处理表达出说话人对听话人的喜爱情绪。

从系统整体性的角度看，疑问代词"哪儿₃"表示绝对化指称，经过副词"都""也"的约束，来表达说话人的语用意图。例如：

(1) 他这个人就是很好，哪儿都比你好。

(2) 小王人品不好，哪儿也不行。

例（1）"都"总括"哪儿₃"表示的任何特点，凸显说话人的肯定语气；例（2）"也"通过类指"哪儿₃"，表示结果都是状态"不行"，凸显说话人的负面情绪。

从构造和意义的角度看，句式缩减以后，可以额外添加其他句法成分，表达更加丰富的意义和情感。例如：

(1) 只要哪儿都好，我就认可他。

(2) *只要不管哪儿都好，我就认可他。

例（1）"哪儿₃"带有无条件让步意义，没有连词，能够添加连词"只要"，表示额外的条件意义；例（2）带有连词，不能添加额外的连词"只要"。

从语言系统和现实交际的互动角度出发，句式形式的缩减能够有效地增强说话人的语气、语势，凸显语义内容的主观性，更好地表达说话人的主观情绪。例如：

（1）他这个人挺好，不管是哪儿，都挺不错的。

（2）他这个人挺好，哪儿都挺不错的。

例（1）是复句形式，句法结构完整，语气委婉；例（2）是单句形式，语气直接、强势，说话人的情绪表达更完全。

（四）句式组件的语用功能

1. "哪儿$_3$"

"哪儿$_3$"类周遍句中"哪儿$_3$"指称性较弱，主要凸显任指意义，和谓语形成对比，构成陈述和被陈述的关系，以此表达主观性内容。例如：

哪儿都不好，还总要炫耀。

例句中"哪儿$_3$"指称任何虚化地点意义，和"不好"形成对比，表达说话人的厌烦情绪。

2. 副词

"哪儿$_3$"类周遍句中的副词凸显了不同语气，"都"表示强调语气，"也"表示委婉转折语气。例如：

（1）他除了抽烟，哪儿都不错的。

（2）他人品差，哪儿也比不上你。

例（1）"都"表示强调语气，强调任何性格特点等都是结果"不错的"；例（2）"也"表示委婉语气，表示条件和结果"比不上你"的转折关系。

3. 谓语

汉语属于信息尾重型语言，"哪儿$_3$"类周遍句是典型的信息尾重型句式，谓语部分是句子的语义重心和语用焦点。例如：

他们差不多，哪儿都一样。

例句中"哪儿$_3$"轻读，"一样"是句子的语用焦点，是说话人想要凸显的语义内容。

通过以上的综合分析和比较，可以发现在"哪儿"类周遍句中，由"哪儿$_1$"发展成"哪儿$_3$"，指称性逐渐弱化，任意性增强，导致三类句式在句法、语义、语用方面表现出差异性。在句法方面，对句子谓语的句法要求逐渐提高，充当谓语的句法成分类型减少，一些边缘性句法成分只能充当"哪儿$_1$"类周遍句的谓语，不能进入"哪儿$_2$"类、"哪儿$_3$"类周遍句；在语义方面，谓语意义从现实意义向虚拟意义过渡，疑问代词的语义角色、句子主语和谓语之间的语义关系类型逐渐减少；在语用方面，句式主观性逐渐增强，由客观性强的叙述描写功能向主观性强的演绎论断功能发展。

第五章

指情状的疑问代词类周遍性主语句

指情状的疑问代词类周遍性主语句是由指动作情状意义的疑问代词充当主语的周遍句,我们以"怎么"类周遍句为代表展开探讨。"怎么"类周遍句指主语由疑问代词"怎么"充当,搭配副词"都/也"和谓语构成表示周遍义的句子,例如:

(1) 在家守着我们,怎么都好说,一旦离家在外,千里迢迢。
(2) 他想了很久,怎么都没结果。
(3) 把历史写成小说,怎么也是不实际。
(4) 你想爬上这么高的山,怎么也不可能。

例(1)、例(2)、例(3)、例(4)主语都是疑问代词"怎么",句子意义表示周遍义,例(1)、例(2)使用了副词"都",例(3)、例(4)使用了副词"也"。

本文的研究对象是疑问代词类周遍性主语句,疑问代词是句子的主语,所以本章只研究"怎么"充当主语的周遍句,不研究"怎么"做状语或其他句法成分的周遍句。此外,根据前面章节的探讨,可以发现表示原因的"怎么"没有任指用法,所以主语是询问原因的"怎么"类句子也不在本章的研究范围内。例如:

(1) 运输队的一台汽车变速箱坏了，怎么都挂不上挡。

(2) 怎么都说这技术好？

(3) 不喝你的酒就是怕露真性，喝了你的酒说明平时都是假性，怎么都不真。

例（1）"怎么"做状语修饰动词"挂不上挡"，句子真正的主语省略掉了，句子不属于本章的研究对象；例（2）虽然表示总指意义，但是主要由副词"都"表达，"怎么"表示询问原因，句子不属于本章研究范围；例（3）"怎么"表示任意的动作方式，充当主语成分，句子属于本章的研究范围。

"怎么"充当主语和状语的句子，在句法形式上类似，但从功能角度看，做状语的"怎么"修饰副词后面的谓语成分，做主语的"怎么"是谓语的描述对象；从意义角度看，做状语的"怎么"意义附加在句子谓语上，句子有自己的主语成分，只不过没有出现，"怎么"做主语的意义和谓语的意义是对应关系，句子没有其他主语成分。例如：

(1) 老李找了一圈，怎么也找不到老王。

(2) 对于这件事他想了很久，怎么也不好。

例（1）"怎么"是状语，修饰谓语"找"，"怎么"表示任何方式的"找"，意义附加在"找"上，句子真正的主语应该是"老李"，而不是"怎么"；例（2）"怎么"是主语，是"不好"的主体，"怎么"表示任何方式的"想"，意义和谓语"不好"是条件和结果的对应关系，句子没有其他主语成分。

以下四个小节将对"怎么"类周遍句进行分类，并分别从句法、语义、语用三个方面出发进行探讨和研究。

第五章　指情状的疑问代词类周遍性主语句

第一节　"怎么"类周遍句的分类

关于"怎么"的分类一般是采取功能标准，比如，王力（1954）、朱德熙（1982）、彭可君（1993）、蔡维天（2000，2007）、肖治野（2009）等人认为"怎么"表示询问原因和询问方式；吕叔湘（1944）、郭继懋（2001）认为"怎么"可以分成询问情状、询问方式和询问原因；贺凯琳（1992）认为"怎么"可以分成：方式、原因、情理、性状。

以疑问代词的虚化程度为标准，可以将"怎么"类周遍句进一步微观分类，分成三种类型。

第一种，词汇成分型"怎么$_1$"类周遍句，"怎么$_1$"虚化程度低，表示基础语义内容，指称具体动作、行为的方式等情状意义，属于原型语义范畴，指称性较强，主观性较弱。例如：

东捞一把，西抓一下，怎么都不行。

例句中属于"怎么$_1$"类周遍句，"怎么$_1$"指代任何方式的"捞""抓"，指称性强。

第二种，隐喻意义型"怎么$_2$"类周遍句，"怎么$_2$"虚化程度中等，表示在基础语义上隐喻出的虚化语义内容，指称抽象动作、行为的方式等情状意义，属于次边缘语义范畴。例如：

他不停地想，怎么都还是一样。

例句中属于"怎么$_2$"类周遍句，"怎么$_2$"指抽象动作"想"的不同方式，将抽象动作隐喻成实际行为。

第三种，任指意义型"怎么₃"类周遍句，"怎么₃"虚化程度高，指称意义弱化，主要凸显任指意义，表示说话人的情绪、态度等主观性内容，属于边缘性语义范畴，主观性较强。例如：

随便，怎么都成。

例句中属于"怎么₃"类周遍句，"怎么₃"指称对象不明确，弱化了指称性，凸显任指意义来表达说话人的积极情绪。

"怎么₁""怎么₂""怎么₃"的区别在于："怎么₁"指具体动作的方式，"怎么₂"指抽象动作的方式，它们都存在指称范围限制，"怎么₃"指称性弱，意义虚化，没有指称范围限制。根据它们的意义和用法特点，我们可以采用在"怎么"后面添加动词的标准进行区分，即"怎么₁"可以添加指称范围内表示具体动作的动词，它所引导的周遍句就是"怎么₁"类周遍句；"怎么₂"可以添加指称范围内表示抽象动作的动词，它所引导的周遍句就是"怎么₂"类周遍句；"怎么₃"则不可以，它所引导的周遍句就是"怎么₃"类周遍句。

1. 怎么₁可以添加指称范围内表示具体动作的动词：

怎么₁ + V（具体）→ 怎么₁V

2. 怎么₂可以添加指称范围内表示抽象动作的动词：

怎么₂ + V（抽象）→ 怎么₂V

3. 怎么₃无法添加相应的动词：

怎么₃× V

在"怎么"类周遍性主语句中，"怎么₁"指称具体行为的方式，后面添加指称范围内表示具体动作的动词，句子仍然成立；"怎么₂"指称抽象动作的方式，后面添加指称范围内表示抽象动作的动词，句子仍然成立；"怎么₃"指称性弱，意义不明确，没有指称范围，所以后面不可以添加一个指称明确的动词。我们通过形式标志将不同的"怎么"类周遍句区分开。例如：

（1）孩子喊疼，我就给他揉腿，怎么也没有效果。

（2）他尝试用了各种公式去解答，怎么也不行。

（3）这个人太挑剔了，怎么也不行，没法让他满意。

例（1）"怎么$_1$"指向"揉腿"，"揉"是表示具体行为的动词，可以添加"揉"，"怎么$_1$揉"做句子主语，句子仍然成立，句子属于"怎么$_1$"类周遍句；例（2）"怎么$_2$"指向"解答"，"解答"是表示抽象动作的动词，可以添加"解答"，"怎么$_2$解答"做句子主语，句子仍然成立，句子属于"怎么$_2$"类周遍句；例（3）"怎么$_3$"不能添加一个明确的动词，句子属于"怎么$_3$"类周遍句。

"怎么"的虚化程度影响着整个周遍句，不同类型的"怎么"类周遍句在句法、语义、语用等方面都表现出差异性，比如，对谓语的句法要求提高；主谓之间的语义关系类型减少；语用功能从客观性描写向主观性表达过渡等，对这些问题的详细探讨在后续章节展开。

第二节 "怎么$_1$"类周遍句

本小节从句法、语义、语用三个方面对"怎么$_1$"类周遍句进行描述和分析，其中"怎么$_1$"指代具体动作、行为的情状意义。

一、句法结构

(一) 句式的句法结构

"怎么₁"类周遍句的句法结构是:"怎么₁+都/也+谓语"。句式既有肯定形式,也有否定形式。"怎么₁"和副词"都/也"是固定的,谓语是变项。例如:

(1) 咱们比赛喝酒的话,怎么都是我赢。

(2) 不喝你的酒就是怕露真性,喝了你的酒说明平时都是假性,怎么都不真。

(3) 只要让我躺着就行,怎么也舒服。

(4) 他不停地跑啊跳啊,怎么也不出汗。

例(1)、例(2)、例(3)、例(4)中"怎么"都指称具体行为的情状意义,都是"怎么₁"类周遍句,"怎么₁"和副词是固定的,谓语是变化的。例(1)、例(2)使用了副词"都",例(3)、例(4)使用了副词"也";例(1)、例(3)是肯定形式,例(2)、例(4)是否定形式。

(二) "怎么₁"

"怎么₁"位于句首,是句子主语。例如:

我和他拔河,怎么都是我输。

例句中"怎么₁"是句子的主语。

(三) 副词

"怎么₁"类周遍句使用的副词有两个:"都"和"也"。副词"都"在肯定形式中占优势,"也"在否定形式中占优势。例如:

(1) 在家守着我们，怎么都好说，一旦离家在外，千里迢迢。

(2) 他想混在年轻的孩子群中，但是，怎么都不行。

(3) 队员们这么努力地训练，怎么也能进八强。

(4) 他想把火扑灭，但是，怎么也没效果。

例（1）、例（2）使用副词"都"，例（1）是肯定形式，例（2）是否定形式；例（3）、例（4）使用副词"也"，例（3）是肯定形式，例（4）是否定形式。

（四）谓语

"怎么$_1$"表示具体行为的情状意义，属于基本语义范畴，最容易被人识别，所以"怎么$_1$"类周遍句的数量最多，对谓语的句法要求也是最低的。

"怎么$_1$"类周遍句谓语可以由形容词性成分或动词性成分充当。

1. 形容词性成分

"怎么$_1$"类周遍句谓语可以由形容词或形容词性短语充当。

形容词可以充当句子谓语，最常见的包括"冷""好""满意"等。例如：

(1) 哆哆嗦嗦爬回到床上，盖上被子，可还是冷，怎么都冷。

(2) 你做饭就是香，随便你做什么，怎么都好。

例（1）谓语由形容词"冷"充当；例（2）谓语由形容词"好"充当。

形容词性短语主要是状中关系短语，状语由副词或比较结构充当。例如：

(1) 不穿戴好防护服做实验，怎么也非常危险。

(2) 可是回到了家里，东摆摆，西放放，怎么都不合适。

175

（3）他就算跳再高，怎么也比不上你高。

例（1）谓语由状中关系短语"非常危险"充当，状语是副词；例（2）谓语由状中关系短语"不合适"充当，状语是副词；例（3）谓语由状中关系短语"比不上你高"充当，状语是比较结构。

2. 动词性成分

"怎么₁"类周遍句谓语可以由单个动词或动词性短语充当。

谓语可以由单个动词充当，主要类型包括能愿动词或心理动词，最常见的能愿动词包括"可以"等；最常见的心理动词包括"喜欢""满意"等。例如：

（1）你们男人就这样，玩儿可以，怎么都可以，说我要嫁你，不干了。

（2）你随便写，我不挑，怎么都喜欢。

例（1）谓语由能愿动词"可以"充当；例（2）谓语由心理动词"喜欢"充当。

动词性短语充当句子谓语，主要类型包括动宾关系短语、状中关系短语、动补关系短语、兼语结构短语等。

动宾关系短语充当谓语，动词类型可以是存现动词"有"或判断动词"是"。例如：

（1）你想打就打我吧，怎么都没有关系。

（2）他不管用了什么手段去骗别人，怎么也是假的。

例（1）谓语由动宾关系短语"没有关系"充当，动词是存现动词；例（2）谓语由动宾关系短语"是假的"充当，动词是判断动词。

状中关系短语可以充当谓语，状语类型包括比较结构、比况结构。例如：

(1) 你都做木工几十年了，怎么也比他做得好。

(2) 大跳两腿几乎拉直蹿到台的另一侧，怎么也不像在作战。

例（1）谓语由状中关系短语"比他做得好"充当，状语由比较结构充当；例（2）谓语由状中关系短语"不像在作战"充当，状语由比况结构充当。

动补关系短语可以充当谓语，补语主要是可能补语。例如：

(1) 东捞一把，西抓一下，怎么也够不着。

(2) 现在只剩七八天了，你跑再快，怎么也来不及。

例（1）谓语由动补关系短语"够不着"充当，补语是可能补语；例（2）谓语由动补关系短语"来不及"充当，补语是可能补语。

兼语结构短语可以充当句子谓语，常见的动词是"让"等。例如：

(1) 小张不停地打着自己的脸，怎么也没让女朋友消气。

(2) 他上蹿下跳，怎么也没让小朋友笑出来。

例（1）谓语由兼语结构短语"没让女朋友消气"充当；例（2）谓语由兼语结构短语"没让小朋友笑出来"充当。

二、语义内容

（一）句式的语义特点

周遍句构式的意义是周遍义，表示不管条件是事件所涉及的任何要素，结果都是具有某种性质、处于某个状态、具有其他谓语表示的结果意义。疑问代词"怎么$_1$"指具体方式的动作、行为，所以"怎么$_1$"类周遍句的句式意义是：不管条件是任何实际方式的行为，结果都是具有某种性质、处于某种状态、具有其他谓语表示的结果意义。例如：

(1) 你不要再试图写大字了，怎么也是勉强。

(2) 这种跑步方法不科学，怎么都没有提高。

例（1）主语和谓语是条件和结果的关系，表示不管条件是"写大字"的任何方式，结果都"是勉强"；例（2）表示不管条件是任何"跑步"的方式，结果都是"没有提高"。

(二)"怎么₁"

在《现代汉语八百词》中，"怎么"有六个义项：第一，表示询问方式；第二，表示询问原因；第三，表示询问性状；第四，用于虚指；第五，用于任指；第六，表示一定程度。"怎么₁"的意义是第五项，表示任指。《现代汉语八百词》更多体现的是功能分类，在具体的任指用法中，根据前一小节的探讨，我们知道"怎么₁"表示具体动作的情状意义。例如：

拉杜乔尤在前场奋力攻击，怎么也不奏效。

例句中"怎么₁"指的是任何"攻击"的方式。

"怎么₁"的语义特征是有定性，属于全量表达，是有限的。例如：

我卖房、赌博、酗酒，怎么都是我的错。

例句中"怎么₁"表示"卖房、赌博、酗酒"等行为的方式，属于有定的、全量表达，有指称范围限制，是有限的任指。

综上所述，"怎么₁"的语义内容是具体动作的情状意义，语义属性是有定、有限、全量。

(三) 副词

"都"的意义是从总括全部对象的意义中延伸出的，有和"不论、无论、不管"搭配的用法，表示强调。"也"的意义是"表示无论假设成立与否，后果都相同"。例如：

(1) 他这样画了很多次，怎么都不满意。

(2) 我们不用再比跳远了，怎么也是我赢的。

例（1）使用副词"都"，总括"怎么₁"指代"画"的任何方式，结果还是"不满意"；例（2）使用副词"也"，表示不管任何方式的"比跳远"，结果都一样"是我赢的"。

（四）谓语

"怎么₁"类周遍句的谓语可以由形容词性成分或动词性成分充当。形容词性成分表示事物属性，由于周遍句具有主观性，所以形容词性成分充当谓语的周遍句表示说话人主观认定事物具有的性质，带有虚拟属性。动词性成分可以是单个动词，也可以是动词性短语，单个动词包括心理动词和能愿动词，其中心理动词表示人的心理状况，能愿动词表示说话人对动作情况的判断、期望等，这些动词的意义都带有虚拟属性。动词性短语包括动宾关系短语、动补关系短语、兼语结构短语、状中关系短语等，其中动宾关系短语的动词是存现动词"有"和判断动词"是"，都表示说话人对于事物状态、性质的主观判断，带有虚拟属性；动补关系短语、兼语结构短语表示的是说话人断定行为所产生的结果意义，具有虚拟性；状中关系短语中状语是比较结构和比况结构，表示的内容是说话人主观的判断，带有虚拟属性。

综上所述，"怎么₁"类周遍句的谓语意义只可以是虚拟的。

"怎么₁"类周遍句谓语表示虚拟意义，句子是对动作、行为的性质、状态、产生后果的主观判断，具有较强的主观性。虚拟意义类谓语可以由形容词性成分或动词性成分充当。例如：

(1) 他不停地画，怎么也不满意。

(2) 你可以尽情画，怎么都可以。

(3) 他夸张地摆动着手臂，怎么都好像一个无赖一样。

(4) 你就让他跑吧，怎么也比你跑得快。

(5) 不管你说什么，撒泼、打滚、耍无赖，怎么也是你的不对。

(6) 东捞一把，西抓一下，怎么也够不到。

(7) 他哭闹、打滚，怎么都没让父母改变心意。

例（1）谓语由形容词性短语"不满意"充当，句子是对动作的结果判断；例（2）谓语由能愿动词"可以"充当，句子是对动作性质的判断；例（3）谓语由状中关系短语"好像一个无赖一样"充当，句子是对动作发生情况的判断；例（4）谓语由状中关系短语"比你跑得快"充当，表示说话人的主观判断；例（5）谓语由动宾关系短语"是你的不对"充当，句子描述的是说话人对于动作性质的判断；例（6）谓语由动补关系短语"够不到"充当，描写的是动作发生后果的判断；例（7）谓语由兼语结构短语"没让父母改变心意"充当，描写的是动作行为的结果。

（五）语义关系

"怎么$_1$"类周遍句中"怎么$_1$"表示具体行为的情态意义，句子主谓之间的语义关系类型主要有以下两种。

第一种，"怎么$_1$"做主事。主事是性质、状态、变化性事件的主体，句子主谓之间语义关系是性质、状态、变化性事件的主体和性质、状态、变化状态之间的关系。例如：

你吐痰、随地大小便、破坏公物，怎么都是不道德。

例句中"怎么$_1$"是"不道德"的主体。

第二种，"怎么$_1$"做致事。致事是致使事件产生的原因或引起事件的因素，句子主谓的语义关系是致使事件产生的原因和结果之间的关系。例如：

他跳来跳去，怎么也没让他们高兴起来。

例句中"怎么₁"是"没让他们高兴起来"的因素。

周遍句主谓之间的语义关系取决于疑问代词，"怎么₁"指称性最强，其语义角色及句式主谓之间的语义关系类型在所有"怎么"类周遍句中是最多的，有两种。由于"怎么₁"指代具体动作的情状意义，所以决定了"怎么₁"偏向充当被动性、被描述性的语义角色。

（六）构式的语义压制

"怎么₁"类周遍句是一个紧缩构式。一方面，构式存在着句法准入条件，句法结构必须表示性质、状态、结果意义才能充当谓语；另一方面，构式存在着压制现象，进入构式充当谓语会被压制成表示性质、状态、结果意义。

首先，充当"怎么₁"类周遍句谓语的句法成分都具有性质、状态、结果意义。

形容词性成分表示事物的属性或状态，是一种结果，因此，一般都可以直接充当句子谓语，动词性成分必须体现性质、状态、结果意义。例如：

（1）开了空调，洗了澡，可是，怎么都热。

（2）不喝你的酒就是怕露真性，喝了你的酒说明平时都是假性，怎么都不真。

（3）只要你来，随便你做什么，怎么都可以。

（4）他夸张的摆动身体，怎么都好像故意逗人笑一样。

例（1）谓语由形容词"热"充当，表示动作的结果；例（2）谓语由形容词性短语"不真"充当，表示动作的性质；例（3）谓语由能愿动词"可以"充当，表示说话人对动作性质的判断；例（4）谓语由状中关系短语"好像故意逗人笑一样"充当，表示动作的状态。

其次，句法成分进入构式后，被构式压制成表示性质、状态、结果意义。例如：

超市用了各种方式阻拦，但是，怎么都有顾客争抢。

例句中谓语由动词性短语"有顾客争抢"充当，"有顾客争抢"表示存在意义，进入构式后，表示处于该状态。

三、语用功能

（一）句式的表达功能

由于"怎么₁"类周遍句的谓语只能表示虚拟意义，所以"怎么₁"类周遍句只能用于演绎论断，偏向于主观性表达。周遍句的使用可以有效增强说话人主观态度的表达效果。例如：

（1）你想跳床、蹦高，怎么都可以。

（2）他在饭局所做的一切，怎么都是不好。

例（1）通过说话人对动作发生情况的主观判断，表达出说话人的积极态度；例（2）是说话人对动作的性质判定，凸显出说话人悲观的消极态度。

（二）句式主观性分析

"怎么₁"类周遍句带有强烈的主观性，只用于主观性表达，主要是两个因素促成：①"怎么₁"表示具体动作、行为的情状意义，具有假设意义，谓语表示结果，前后两部分句法成分关系相当于假设条件复句，假设属于虚拟意义，带有强烈主观性；②"怎么₁"带有任指意义，属于绝对化表达，是现实世界不存在的极端情况，这种夸张化处理，带有强烈主观性。例如：

她每天都那么活蹦乱跳的，怎么都不累。

例句中表示任何方式的"活蹦乱跳"，结果都是"不累"，这种假设关系带有主观性，所以"怎么"表示的任指意义，是人为夸大处理的结果，也带有主观性。

（三）语用效果分析

"怎么$_1$"类周遍句语用效果依靠的手段是对比和夸张。首先，通过条件分句和结果分句的对比，凸显谓语部分的意义内容；其次，以夸张化手段处理条件部分，反衬谓语的意义内容，引起听话人的重视和注意，表达出语句内容的重要性和紧迫性，达到移情的语用效果，以实现语用目的和交际意图。例如：

你想运动就去吧，怎么也行。

例句中通过"怎么$_1$"表示的条件意义，来凸显谓语的语义内容"行"，并且通过"怎么$_1$"的任指意义，人为夸张处理将条件定义成绝对化，反衬出谓语结果的积极性，表达说话人的肯定态度。

从系统整体性的角度看，疑问代词"怎么$_1$"表示绝对化指称，经过副词"都""也"的约束，来表达说话人的语用意图。例如：

（1）你只要起来随便动动就行，怎么都好。

（2）你就随便写几个字，怎么也比他强。

例（1）"都"总括"怎么$_1$"表示任何方式的"动动"，凸显结果一定是"好"；例（2）"也"通过类指"怎么$_1$"表示任何方式的"写几个字"，结果都是"比他强"，表达说话人的肯定态度。

从构造和意义的角度看，句式缩减以后，说话人可以额外添加其他句法成分，表达更加丰富的意义和情感。例如：

（1）尽管怎么也没有效果了，他还是在尽力按压患者的心脏进行抢救。

(2) *尽管无论怎么也没有效果了，他还是在尽力按压患者的心脏进行抢救。

例（1）"怎么$_1$"带有无条件让步意义，没有连词，能够添加连词"尽管"，来表示额外的假设意义；例（2）带有连词，不能额外添加连词"尽管"。

从语言系统和现实的角度看，句式形式的缩减能够有效地增强说话人的语气、语势，凸显语义内容的主观性，更好地表达说话人的主观情绪。例如：

(1) 他不停尽力地跳，但是，不管是怎么跳，都不行。

(2) *他不停尽力地跳，但是，怎么都不行。

例（1）是带有连词的复句形式，句法结构完整，语气委婉；例（2）是单句形式，语气直接、强势，说话人的情绪表达更完全。

（四）句式组件的语用功能

1. "怎么$_1$"

"怎么$_1$"的语用功能是通过指代手段，为句子提供有定主语条件对象，和谓语的结果意义相照应，构成陈述和被陈述的关系。例如：

(1) 我一直给他挠痒，怎么也没有效果。

(2) 他不停运动，但是，怎么都还是冷。

例（1）"怎么$_1$"指任何方式的"挠痒"，例（2）"怎么$_1$"指任何方式的"运动"，例（1）和例（2）都是句子的有定主语条件对象，和谓语意义相对应。

2. 副词

"怎么$_1$"类周遍句中的副词凸显了不同语气，"都"表示强调语

气,"也"表示委婉转折语气。例如:

(1) 他不停挪动家具的位置,怎么都不满意。

(2) 你不停磕头道歉,怎么也没用。

例(1)"都"表示强调,强调结果都是"不满意";例(2)"也"表示委婉语气,表示动作行为和结果"没用"之间的转折关系。

3. 谓语

汉语属于信息尾重型语言,"怎么$_1$"类周遍句是典型的信息尾重型句式,谓语部分是句子的语义重心和语用焦点。例如:

你想用什么方式画都行,怎么都可以。

例句中"怎么$_1$"轻读,谓语"可以"是句子的语用焦点,是说话人想要凸显的语义内容。

第三节 "怎么$_2$"类周遍句

本小节从句法、语义、语用三个方面对"怎么$_2$"类周遍句进行描述和分析,其中"怎么$_2$"指抽象行为的情状意义。

一、句法结构

(一) 句式的句法结构

"怎么$_2$"类周遍句的句法结构式:"怎么$_2$+都/也+谓语"。句式既有肯定形式,也有否定形式,"怎么$_2$"和副词是固定的,谓语是变项。例如:

(1) 我想了下,格律诗音箱再输也是第十名,怎么都是赢。

(2) 他仔细回忆了一会儿，怎么都没有结果。

(3) 你把我想成什么都好，怎么也行。

(4) 我想了很多，怎么都是我害了妈。

例（1）"怎么₂"指任何方式的"想"；例（2）"怎么₂"指任何方式的"回忆"；例（3）"怎么₂"指任何方式的"想"；例（4）"怎么₂"指任何方式的"想"。它们都表示抽象动作的情状意义，属于"怎么₂"类周遍句，其中例（1）（2）使用了副词"都"，例（3）（4）使用副词"也"；例（1）（3）是肯定形式，例（2）（4）是否定形式。

（二）"怎么₂"

"怎么₂"位于句首，是句子的主语。例如：

大家在一起想办法，怎么也比你自己想得周全。

例句中"怎么₂"指代任何方式的"想"，是句子的主语。

（三）副词

"怎么₂"类周遍句使用的副词有两个："都"和"也"。副词"都"在肯定形式中占优势，"也"在否定形式中占优势。例如：

(1) 他想得就算再差，怎么都比你强吧。

(2) 我的控制力不行，怎么都不完美。

(3) 你换个方式思考，怎么也可以，只要不停地想就好。

(4) 不管你比哪个方面，怎么也不如小王的吧。

例（1）（2）使用副词"都"，例（1）是肯定形式，例（2）是否定形式；例（3）（4）使用副词"也"，例（3）是肯定形式，例（4）是否定形式。

（四）谓语

"怎么₂"类周遍句中"怎么₂"表示抽象动作的情状意义，属于次边缘语义范畴，识别和使用度一般，对谓语的句法要求中等。

"怎么₂"类周遍句谓语可以由形容词性成分或动词性成分充当。

1. 形容词性成分

"怎么₂"类周遍句的谓语可以由形容词或形容词性短语充当，形容词性短语主要是副词、比较结构等充当状语的状中关系短语。例如：

（1）你可以把他想成任何物品，怎么都好。

（2）我仔细回忆了一下我们的事情，好像都是痛苦，怎么都不美好。

（3）老人考虑问题就是比较仔细，怎么也比你小年轻强。

例（1）谓语由形容词"好"充当；例（2）谓语由状中关系短语"不美好"充当，状语是否定副词；例（3）谓语由状中关系短语"比你小年轻强"充当，状语由比较结构充当。

2. 动词性成分

"怎么₂"类周遍句的谓语可以由单个动词或动词性短语充当。

单个动词可以充当句子谓语，主要是能愿动词，比如"可以""可能"等。例如：

释放你的思维去想，怎么都可以。

例句中谓语由能愿动词"可以"充当。

做谓语的动词性短语包括动宾关系短语、状中关系短语、动补关系短语，最常见的是状中关系短语。

动宾关系短语可以充当句子谓语，动词可以是存现动词或判断动词。例如：

（1）你就让他去算吧，怎么都没有关系，错不了的。

（2）我想了很多，怎么都是他的错。

例（1）谓语由动宾关系短语"没有关系"充当，动词是存现动词；例（2）谓语由动宾关系短语"是他的错"充当，动词是判断动词。

状中关系短语可以充当句子谓语，状语可以由比况结构、比较结构等充当。例如：

(1) 我又仔细地想了一下他跟我说的话，怎么都好像被骗了一样。

(2) 我们大家一起想办法，怎么也比你一个人想得全。

例（1）谓语由状中关系短语"好像被骗了一样"充当，状语是比况结构；例（2）谓语由状中关系短语"比你一个人想得全"充当，状语是比较结构。

动补关系短语可以充当句子谓语，补语是可能补语。例如：

你现在才开始想方案，怎么都来不及。

例句中谓语由动补关系短语"来不及"充当，补语是可能补语。

二、语义内容

（一）句式的语义特点

周遍句构式的意义是周遍义，表示不管条件是任何事件涉及的要素，结果都是具有某种性质、处于某个状态、具有其他谓语表示的结果意义，"怎么$_2$"指抽象动作的情状意义，所以"怎么$_2$"类周遍句的句式意义可以概括成：不管条件是任何抽象动作的情状意义，结果都是处于某个状态、具有某种性质、具有其他谓语表示的结果意义。例如：

你是我的妻子，我对你爱多深都可以，怎么都不过分。

例句中主语和谓语是条件和结果的关系，表示不管条件是任何方式"爱"，结果都是"不过分"。

（二）"怎么₂"

"怎么₂"指代任何抽象动作的方式等情状意义。"怎么₂"的意义是根据"怎么₁"的意义隐喻而来，通过将抽象动作的情状意义隐喻成具体动作的情状意义，从而产生指称关系。例如：

他一直在心里盘算，怎么都是自己吃亏。

例句中"怎么₂"表示任何方式的"盘算"，结果都"是自己吃亏"。

"怎么₂"的语义特征是有定的，属于全量表达，"怎么₂"是具有替代性质，必须是有限的。例如：

你想他是什么都可以，怎么都合适。

例句中"怎么₂"都是有定的、全量表达，"怎么₂"指代任意方式的"想"，属于有限任指。

综上所述，周遍句中"怎么₂"语义内容是任何抽象动作的情状意义，语义属性是有定、有限、全量。

（三）副词

"都"的意义是从总括全部对象的意义中延伸出的，有和"不论、无论、不管"搭配的用法，表示强调。"也"的意义是"表示无论假设成立与否，后果都相同"。例如：

(1) 你算得不对，怎么都是错。

(2) 你想吧，怎么也好，只要想出个结果就行。

例（1）使用副词"都"，表示无论任何方式的"算"，结果都"是错"；例（2）使用副词"也"，表示不管任何方式的"想"，结果都是"好"。

（四）谓语

"怎么₂"类周遍句的谓语可以由形容词性成分或动词性成分充当。形容词性成分表示事物属性，由于周遍句具有主观性，所以形容词或形容词性成分充当谓语的周遍句表示说话人主观认定事物具有的性质，带有虚拟属性。动词性成分可以是单个动词，也可以是动词性短语，单个动词是能愿动词，能愿动词表示说话人对动作情况的判断、期望等，这些动词的意义都带有虚拟属性。动词性短语包括动宾关系短语、动补关系短语、状中关系短语等，其中动宾关系短语的动词是存现动词和判断动词，都表示说话人对于事物状态、性质的主观判断，带有虚拟属性；动补关系短语表示的是说话人认为行为所产生的结果意义，具有虚拟性；状中关系短语中状语是比较结构和比况结构，表示的内容是说话人主观的判断，带有虚拟属性。

综上所述，"怎么₂"类周遍句的谓语意义只能是虚拟的。

"怎么₂"类周遍句谓语表示虚拟意义，句子是对动作、行为的性质、状态或产生后果的主观判断，具有较强的主观性。虚拟意义类谓语可以由形容词性成分或动词性成分充当。例如：

（1）你尽管发挥你的想象力去思考，怎么都好。

（2）我没事时候回忆了一下小时候的生活，怎么也不苦，都是甜蜜的。

（3）他那个小脑瓜，不一定怎么想这个问题呢，怎么都可能。

（4）我们重新审视了一下你的问题，怎么都有错，你逃不掉的。

（5）他肯定比你考虑的更长远，怎么也比你想得好。

（6）还有三个月呢，现在开始计划，怎么都来得及。

例（1）谓语由形容词"好"充当，属于性质判断；例（2）谓语由状中关系短语"不苦"充当，表示动作性质；例（3）谓语由能愿动词"可能"充当，表示动作发生情况的主观判断；例（4）谓语由动宾关系短语"有错"充当，表示动作结果的主观判断；例（5）谓语由状中关系短语"比你想得好"充当，表示动作性质的主观判断；例（6）谓语由动补关系短语"来得及"充当，表示动作后果的主观判断。

（五）语义关系

"怎么$_2$"类周遍句中"怎么$_2$"表示抽象动作的情状意义，句子主谓之间的语义关系类型只有一种：

"怎么$_2$"做主事。句子主谓之间语义关系是性质、状态、变化性事件的主体和性质、状态、变化状态之间的关系。例如：

他反复地思考、琢磨，怎么也不妥。

例句中"怎么$_2$"是"不妥"描述的主体。

周遍句主谓之间的语义关系取决于疑问代词，"怎么$_2$"指称性中等，其语义角色及句式主谓之间的语义关系类型丰富度一般，只有一种。由于"怎么$_2$"指代抽象动作的情状意义，所以决定了"怎么$_2$"偏向充当被动性、被描述性的语义角色。

（六）构式的语义压制

"怎么$_2$"类周遍句是一个紧缩构式。一方面，构式存在着句法准入条件，句法结构必须表示性质、状态、结果意义才能充当谓语；另一方面，构式存在着压制现象，进入构式充当谓语会被压制成表示性质、状态、结果意义。

首先，充当"怎么$_2$"类周遍句谓语的句法成分都具有性质、状态、结果意义。

形容词性成分表示事物的属性或状态，是一种结果，因此，一般都可以直接充当句子谓语。动词性成分必须体现性质、状态、结果意义。例如：

(1) 你现在想法肯定更成熟，想得也多，怎么都比以前好。

(2) 你就尽管爱着我吧，怎么都可以。

例（1）谓语由状中关系短语"比以前好"充当，表示一种结果；例（2）谓语由能愿动词"可以"充当，表示说话人对于动作行为后果的主观判断。

其次，当句法成分进入构式后，被构式压制成表示性质、状态、结果意义。例如：

他在屋子里想了三天，怎么也没有结果。

例句中谓语由动宾关系短语"没有结果"充当，表示存在意义，进入构式后，表示处于该存在的状态。

三、语用功能

（一）句式的表达功能

由于"怎么$_2$"类周遍句的谓语只能表示虚拟意义，所以"怎么$_2$"类周遍句只能用于演绎论断，偏向于主观。周遍句的使用可以有效增强说话人主观态度的表达效果。例如：

(1) 我想了很久，怎么都不好。

(2) 他在心里已经计算过了，怎么都是自己占便宜。

例（1）表达的是条件是任何方式的"想"，说话人认为结果都是"不好"；例（2）表达的是不管条件是任何方式"计算"，说话人推断的结果都是"自己占便宜"。

(二) 句式主观性分析

"怎么$_2$"类周遍句带有主观性，主要由两个因素促成：①"怎么$_2$"是假设条件，谓语是结果，表示说话人估计的结果情况。条件和结果的关系认定具有主观性；②"怎么$_2$"表示的是任指意义，属于人为夸张的绝对化情况，也体现了句子的主观性。例如：

你想得肯定很糟糕，怎么都不可能是积极的东西。

例句中表示条件是任何方式的"想"，结果都是"不可能是积极的东西"，句子假设条件和谓语结构之间的关系属于说话人主观认定的，将条件程度扩大到所有方式，属于夸张处理，表现出极强的主观性。

(三) 语用效果分析

"怎么$_2$"类周遍句语用效果表达的机制是对比和夸张。首先，通过条件分句和结果分句的对比，凸显谓语部分的意义内容；其次，以夸张化手段处理条件部分，反衬谓语的意义内容，引起听话人的重视和注意，表达出语句内容的重要性和紧迫性，达到移情的语用效果，以实现语用目的和交际意图。例如：

你随便计划吧，怎么都行，我听你的。

例句中通过"怎么$_2$"表示的条件意义，来凸显谓语的语义内容"行"，通过"怎么$_2$"的任指意义，人为夸张处理将条件定义成绝对化，强化谓语意义内容的表达，表达说话人肯定的积极态度。

从系统整体性角度看，疑问代词"怎么$_2$"表示绝对化指称，经过副词"都""也"的约束，来表达说话人的语用意图。例如：

(1) 随便思考一下就行，怎么都可以。

(2) 你就是计算不行，怎么也不如他算得快。

例（1）"都"总括"怎么$_2$"表示任何方式的"思考"，凸显结果一定是"可以";例(2)"也"通过类指"怎么$_2$"指代任何方式的"算",结果都是"不如他算得快"。

从构造和意义角度看,句式缩减以后,说话人可以额外添加其他句法成分,表达更加丰富的意义和情感。例如:

(1) 尽管怎么都没有效果,但是他还是在尽力地想。

(2) *尽管不管怎么都没有效果,但是他还是在尽力地想。

例(1)"怎么$_2$"带有无条件让步意义,没有连词,可以添加连词"尽管",来表示额外的条件意义;例(2)带有连词,不能额外添加连词"尽管"。

从语言系统和现实角度看,句式形式的缩减能够有效地增强说话人的语气、语势,凸显语义内容的主观性,更好地表达说话人的主观情绪。例如:

(1) 我想了很久,不管是怎么想,都是你的错,你还是道歉吧。

(2) 我想了很久,怎么都是你的错,你还是道歉吧。

例(1)是带有连词的复句形式,句法结构完整,语气委婉;例(2)是紧缩之后的周遍性主语句,句法结构紧凑、凝练,语气直接、强势,说话人的情绪表达更完全。

(四) 句式组件的语用功能

1. "怎么$_2$"

"怎么$_2$"的语用功能是通过指称,为句子提供有定主语条件对象,和谓语的结果意义相照应,构成陈述和被陈述的关系。例如:

他心里小算盘打得响,怎么都不吃亏,这个买卖可以。

例句中"怎么$_2$"指代任何方式的算计,是句子有定主语条件对象,和谓语表示的结果意义"不吃亏"相照应。

2. 副词

"怎么₂"类周遍句中的副词凸显了不同语气,"都"表示强调语气,"也"表示委婉转折语气。例如:

(1) 你只要算出来这道题就行,不管用什么方法来算,怎么都行。

(2) 我实在不知道用什么方式爱你了,怎么也不可以,这种关系好煎熬。

例(1)"都"表示强调,强调不管条件是任何方式"算",结果都是"行";例(2)"也"表示委婉语气,表示任何方式的"爱"和结果"不可以"之间的转折关系。

3. 谓语

汉语属于信息尾重型语言,"怎么₂"类周遍句也是典型的信息尾重型句式,谓语部分是句子的语义重心和语用焦点。例如:

你随便想,怎么也可以,我不在乎你的看法。

例句中"怎么₂"轻读,谓语"可以"是句子的语用焦点,是说话人想要凸显的语义内容。

第四节 "怎么₃"类周遍句

本小节从句法、语义、语用三个方面对"怎么₃"类周遍句来进行描述和分析,"怎么₃"指称意义虚化,主要凸显任指意义表示说话人的情绪、意愿等主观性内容。

一、句法结构

(一) 句式的句法结构

"怎么$_3$"类周遍句的句法结构是:"怎么$_3$+都/也+谓语"。句式既有肯定形式,也有否定形式。疑问代词和副词部分是固定的,谓语是变化的。例如:

(1) 随便,怎么都成。

(2) 怎么都不行,就是不行。

(3) 怎么也好,加油吧。

(4) 放弃吧,怎么也不可能。

例(1)、例(2)、例(3)、例(4)中"怎么"的指称意义都比较弱,都属于"怎么$_3$"类周遍句。例(1)、例(2)使用了副词"都",例(1)是肯定形式,例(2)是否定形式;例(3)(4)使用了副词"也",例(3)是肯定形式,例(4)是否定形式。

(二) "怎么$_3$"

"怎么$_3$"位于句首,是句子的主语。例如:

只要允许我搞爆炸,怎么都行。

例句中"怎么$_3$"是句子的主语。

(三) 副词

"怎么$_3$"类周遍句使用的副词有两个:"都"和"也"。副词"都"在肯定形式中占优势,"也"在否定形式中占优势。例如:

(1) 怎么都好,只要你别再闹了。

(2) 他已经下定决心了,怎么都不行了。

(3) 怎么也要最后争取一下，不能随便放弃。

(4) 已经最后阶段了，没有希望了，怎么也不可能了。

例（1）、例（2）使用了副词"都"，例（1）是肯定形式，例（2）是否定形式；例（3）、例（4）使用了副词"也"，例（3）是肯定形式，例（4）是否定形式。

（四）谓语

"怎么$_3$"类周遍句中"怎么$_3$"的意义比较虚化，指称性弱，主要凸显任指意义，属于边缘语义范畴，不容易被人识别，例句最少，对谓语的句法要求最高。

"怎么$_3$"类周遍句的谓语可以由形容词性成分或动词性成分充当。

1. 形容词性成分

形容词可以充当句子谓语，最常见的是"好"；形容词性短语是副词充当状语的状中关系短语。例如：

(1) 怎么都好，就是别放弃。

(2) 所有一切我都很满意，怎么都挺好。

例（1）谓语由形容词"好"充当；例（2）谓语由状中关系短语"挺好"充当，状语是副词。

2. 动词性成分

单个动词可以充当句子谓语，主要是能愿动词"可以"。例如：

没有关系，怎么都可以。

例句中谓语由能愿动词"可以"充当。

动词性短语可以充当句子谓语，包括状中关系短语和动宾关系短语，状中关系短语的状语可以由副词充当，动宾关系短语的动词是存现动词和判断动词"是"。例如：

(1) 怎么都不可以,那我还能怎么办。
(2) 怎么也没有关系,你随意。
(3) 怎么都是我的错,你就别生气了。

例(1)谓语由状中关系短语"不可以"充当,状语是否定副词;例(2)谓语由动宾关系短语"没有关系"充当,动词是存现动词;例(3)谓语由动宾关系短语"是我的错"充当,动词是判断动词。

二、语义内容

(一) 句式的语义特点

周遍句构式的意义是周遍义,表示不管条件是任何事件所涉及的某种要素,结果都是具有某种性质、处于某个状态、具有其他谓语表示的结果意义,"怎么$_3$"指称意义弱化,任指意义凸显,以此表达说话人的态度、意愿等主观性内容。所以"怎么$_3$"类周遍句的句式意义可以概括成:不管条件是任何情态意义,结果都是具有某种性质、具有其他谓语表示的结果意义,以此凸显说话人的主观情绪。例如:

我死了算了,怎么都不行啊。

例句中主语和谓语是条件和结果的关系,"怎么$_3$"指称意义虚化,任指意义凸显,反衬谓语"不行",表现说话人的悲观情绪。

(二) "怎么$_3$"

"怎么$_3$"语义内容虚化,主要表现任指性,来凸显说话人的主观态度,属于边缘语义范畴。例如:

只要允许我搞爆炸,怎么都行。

例句中"怎么$_3$"主要表达任指意义,表示出说话人对"搞爆炸"的心情。

"怎么₃"的语义特征是有定的,属于全量表达。由于"怎么₃"指称性弱,所以必须是无限的。例如:

球员都是在骂声中成长,怎么都不对。

例句中"怎么₃"都是有定的、全量表达,属于无限任指。

综上所述,周遍句中"怎么₃"语义内容凸显任指意义,语义属性是有定、无限、全量。

(三) 副词

"都"的意义是从总括全部对象的意义中延伸出的,有和"不论、无论、不管"搭配的用法,表示强调。"也"的意义是"表示无论假设成立与否,后果都相同"。例如:

(1) 怎么都不行,他这个人真难伺候。

(2) 事已至此,怎么也无法弥补了。

例(1)使用副词"都",表示不管条件如何,结果都是"不行";例(2)使用副词"也",表示无论假设如何,结果都一样是"无法弥补"。

(四) 谓语

"怎么₃"类周遍句的谓语可以由形容词性成分或动词性成分充当。形容词性成分表示事物属性,由于周遍句具有主观性,所以形容词性成分充当谓语的周遍句表示说话人主观认定事物具有的性质,带有虚拟属性。动词性成分可以是单个动词,也可以是动词性短语,单个动词是能愿动词,能愿动词表示说话人对动作情况的判断、期望等,意义带有虚拟属性。动词性短语包括动宾关系短语、状中关系短语等,其中动宾关系短语的动词是存现动词和判断动词,都表示说话人对于事物状态、性质的主观判断,带有虚拟属性;状中关系短语中动词是能愿动词,表示的是说话人对于动作情况的主观判断，带有虚拟属性。

综上所述，"怎么₃"类周遍句的谓语意义只能是虚拟的。

"怎么₃"类周遍句谓语表示虚拟意义，句子是对动作、行为的性质、状态、产生后果的主观判断，具有较强的主观性。虚拟意义类谓语可以由形容词性成分或动词性成分充当。例如：

(1) 怎么都好，就是别让我等了。
(2) 她那个人随便，怎么都可以。
(3) 你不用想了，怎么也不可能。
(4) 你坚持一下，怎么也有个结果。
(5) 怎么都是错，我还是放弃吧。

例（1）谓语由形容词"好"充当，表示说话人的主观判断，属于虚拟意义；例（2）谓语由能愿动词"可以"充当，是说话人对事态的主观推测，具有虚拟属性；例（3）谓语由状中关系短语"不可能"充当，表示说话人对于动作发生情况的主观判断；例（4）谓语由"有个结果"充当，表示说话人认为动作发生的结果意义；例（5）谓语由"是我的错"充当，表示说话人对于动作结果的主观判断。

(五) 语义关系

在"怎么₃"类周遍句中，主语和谓语之间的语义关系类型只有一种：

"怎么₃"做主事。句子主谓之间语义关系是性质、状态、变化性事件的主体和性质、状态、变化状态之间的关系。例如：

怎么都不可能了，没有希望。

例句中"怎么₃"是性质"不可能"的主体。

周遍句主谓之间的语义关系取决于疑问代词，"怎么₃"指称性最弱，其语义角色及句式主谓之间的语义关系类型是所有"怎么"类周遍句中最少的，只有一种。由于"怎么$_3$"指代意义虚化，所以决定了"怎么$_3$"偏向充当被动性、被描述性的语义角色。

（六）构式的语义压制

"怎么$_3$"类周遍句是一个紧缩构式。一方面，构式存在着句法准入条件，句法结构必须表示性质、状态、结果意义才能充当谓语；另一方面，构式存在着压制现象，进入构式充当谓语会被压制成表示性质、状态、结果意义。

首先，充当"怎么$_3$"类周遍句谓语的句法成分都具有性质、状态、结果意义。

形容词性成分表示事物的属性或状态，是一种结果，因此，一般都可以直接充当句子谓语。动词性成分充当谓语必须体现状态、结果意义。例如：

（1）人一旦生病，怎么都不舒服，就需要看医生。

（2）怎么都是他的错，大家不会原谅他。

例（1）谓语由形容词性短语"不舒服"充当，表示身体状态的判断；例（2）谓语由动宾关系短语"是他的错"充当，表示动作发生的结果性质。

其次，当句法成分进入构式后，被构式压制成表示性质、状态、结果意义。例如：

怎么都好，我不管。

例句中谓语由"好"充当，表示事物的性质，进入构式后，表示动作的结果。

三、语用功能

（一）句式的表达功能

由于"怎么$_3$"类周遍句谓语只能是虚拟的，所以"怎么$_3$"类周遍句只可以进行演绎论断，来表达说话人的主观情绪，偏向于主观，谓语由表示虚拟意义的句法成分充当，例如：

随便，怎么都成。

例句中"怎么$_3$"的意义虚化，主要凸显谓语"成"，来表示说话人认可的态度。

（二）句式主观性分析

"怎么$_3$"类周遍句带有主观性，主要由两个因素促成：①主语疑问代词和谓语之间的条件和结果的关系认定，是说话人主观确定的；②疑问代词"怎么$_3$"表示没有例外的绝对化情况，是说话人主观夸张处理的结果，凸显了主观性。和"怎么$_1$""怎么$_2$"相比较而言，"怎么$_3$"的指称意义弱，任指意义更强。例如：

有时候时机不对，怎么都不对。

例句中条件"怎么$_3$"和结果"不对"的关系是主观认定的，条件范围夸张化扩大也体现了句子的主观性。

（三）语用效果分析

"怎么$_3$"类周遍句语用效果表达的机制是对比和夸张。首先，通过条件分句和结果分句的对比，凸显谓语部分的意义内容；其次，以夸张化手段处理条件部分，反衬谓语的意义内容，引起听话人的重视和注意，表达出语句内容的重要性和紧迫性，达到移情的语用效果，以实现语用目的和交际意图。例如：

怎么都可以，你可以随意。

例句中通过"怎么₃"表示的任指意义，来凸显谓语"可以"，人为夸张处理将条件定义成绝对化，反衬出谓语结果发生的肯定性，引起说话人的注意和重视，凸显说话人的肯定态度。

从系统整体性的角度看，疑问代词"怎么₃"表示绝对化指称，经过副词"都""也"的约束，来表达说话人的语用意图。例如：

（1）他这个人好说话，怎么都可以。

（2）他始终觉得不合适，怎么也不行。

例（1）"都"总括"怎么₃"表示的任何条件，凸显结果一定是"可以"；例（2）"也"通过类指"怎么₃"，表示结果都是"不行"。

从构造和意义的角度看，句式缩减以后，可以额外添加其他句法成分，表达更加丰富的意义和情感。例如：

（1）一旦怎么都是错，就不能继续开展下去了。

（2）*一旦不管怎么都是错，就不能继续开展下去了。

例（1）"怎么₃"带有无条件让步意义，没有连词，可以添加副词"一旦"，表示额外的假设意义；例（2）带有连词，不能额外添加副词"一旦"。

从语言系统和现实的角度看，句式形式的缩减能够有效地增强说话人的语气、语势，凸显语义内容的主观性，更好地表达说话人的主观情绪。例如：

（1）不管是怎么样，都好像不太行。

（2）怎么都好像不太行。

例（1）是带有连词的复句形式，句法结构完整，语气委婉；例

(2) 是紧缩后的单句形式，语气直接、强势，说话人的情绪表达更完全。

(四) 句式组件的语用功能

1. "怎么$_3$"

"怎么$_3$"类周遍句中"怎么$_3$"凸显任指意义，和谓语形成对比，构成陈述和被陈述的关系，以此进行主观情绪的表达。例如：

只要你来上班，怎么都可以。

例句中"怎么$_3$"凸显任指意义，和"可以"形成对比，来表达说话人积极、急迫的情绪。

2. 副词

"怎么$_3$"类周遍句中的副词凸显了不同语气，"都"表示强调语气，"也"表示委婉转折语气。例如：

(1) 怎么都好，就是别再继续闹了。

(2) 现在就是没有合适的办法，怎么也不好。

例(1)"都"表示强调，强调结果都是"好"；例(2)"也"表示委婉语气，表示条件和结果"不好"之间的转折关系。

3. 谓语

汉语属于信息尾重型语言，"怎么$_3$"类周遍句也是典型的信息尾重型句式，谓语部分是句子的语义重心和语用焦点。例如：

怎么也不可能，趁早放弃吧。

例句中"怎么$_3$"轻读，谓语"不可以"是句子的语用焦点，是说话人想要凸显的语义内容。

通过以上的综合分析和比较，可以发现"怎么"类周遍句中，由"怎么$_1$"发展成"怎么$_3$"指称性逐渐弱化，任意性凸显，导致三类句式在句法、语义、语用方面表现出差异性。在句法方面，对句子谓语的句法要求逐渐提高，充当谓语的句法成分类型减少；在语义方面，疑问代词的语义角色、句子主语和谓语之间的语义关系类型逐渐减少，由两种减到一种；在语用方面，句式主观性逐渐增强。

第六章

指时间和指数量的疑问代词类周遍性主语句

本章主要研究指时间意义和指数量意义的疑问代词类周遍性主语句。

表示时间意义和数量意义的疑问代词用于任指的情况比较少，疑问代词充当主语的句子就更少了，疑问代词没有虚化程度差别，所以不能根据疑问代词的虚化程度来对句式进行微观分类。

第一节 指时间的疑问代词类周遍性主语句

由于现代汉语中询问时间使用"什么时间""什么时候"等疑问代词词组的频率最高，所以指时间的疑问代词类周遍性主语句的主语大多是"什么时间"或"什么时候"。指时间的疑问代词类周遍性主语句指由时间意义的疑问代词（词组）充当主语、搭配副词"都/也"和谓语构成表示周遍义的句子，表示时间意义的疑问代词（词组）包括何时、什么时间、什么时候等，例如：

（1）只要学起来，何时都好。

(2) 不许来这里，什么时候也不行。

例（1）的主语是"何时"，例（2）的主语是"什么时候"，例（1）、例（2）都是主语由时间意义的疑问代词（词组）充当主语，搭配副词"都/也"构成的表示周遍意义的句子。

本书的研究对象是疑问代词类周遍性主语句，疑问代词是句子的主语，所以本章只研究时间类疑问代词充当主语的周遍句，不研究做状语或其他句法成分的周遍句。从功能角度看，做状语的时间类疑问代词修饰谓语成分，做主语的时间类疑问代词是谓语的描述对象；从意义角度看，做状语的时间类疑问代词意义附加在句子谓语上，句子有自己的主语成分，只不过没有出现，做主语的时间类疑问代词的意义和谓语意义是对应关系，句子没有其他主语成分。例如：

(1) 我们家的伙食比较固定，什么时候都吃四个菜。

(2) 什么时间都不满意，没有合适的机会。

例（1）"什么时候"是状语，修饰谓语"吃四个菜"，疑问代词的意义附加在谓语意义上，句子真正的主语是"我们家"；例（2）"什么时间"是主语，是"不满意"的对象，二者的意义是对应的，句子没有其他成分做主语。

下面将从句法、语义、语用三个方面对时间类周遍句进行描述和分析。

一、句法结构

（一）句式的句法结构

时间类周遍句的句法结构是："时间类疑问代词（词组）+都/也+谓语"。句式既有肯定形式，也有否定形式。时间类疑问代词（词组）

和副词"都/也"是固定的，谓语是变项。例如：

(1) 哪天来店里都有人，什么时候都可以。

(2) 什么时候也比不上爷孙在一起的时光有意思。

例(1)(2)主语都是表示时间的疑问代词，句子都表示周遍义，属于时间类周遍句，疑问代词（词组）和副词是固定的，谓语是变化的，例(1)使用副词"都"，是肯定形式，例(2)使用副词"也"，是否定形式。

(二) 时间类疑问代词（词组）

疑问代词（词组）位于句首，是句子的主语。例如：

(1) 你可以经常来看我，什么时候都可以。

(2) 何处也是漂泊，何时也是漂泊。

例(1)疑问代词词组"什么时候"是句子的主语；例(2)"何时"是句子的主语。

(三) 副词

时间类周遍句使用的副词有两个："都"和"也"。副词"都"在肯定形式中占优势，"也"在否定形式中占优势。例如：

(1) 学点知识，什么时候都好。

(2) 这里不能进，什么时间也不可以。

(3) 只要你来，什么时候也好。

(4) 什么时候也比不上现在有趣。

例(1)、例(2)使用了副词"都"，例(1)是肯定形式，例(2)是否定形式；例(3)、例(4)使用了副词"也"，例(3)是肯定形式，例(4)是否定形式。

(四)谓语

时间类周遍句的谓语可以由形容词性成分或动词性成分充当。表示时间意义的疑问代词（词组）做主语，谓语大多由形容词性成分充当。

1. 形容词性成分

时间类周遍句谓语可以由形容词或形容词性短语充当。

形容词可以充当句子谓语，既可以是性质形容词，也可以是状态形容词。常见的包括"好""合适"等。例如：

（1）今晚你事毕之后可以过来，什么时候都好。

（2）家里没有暖气，什么时候都冰凉。

例（1）谓语是性质形容词"好"；例（2）谓语是状态形容词"冰凉"。

形容词性短语可以充当句子谓语，主要是状中关系短语，状语可以由副词、比较结构充当。例如：

（1）从现在开始，什么时候也不晚。

（2）什么时候也比和你在一起的时间快乐。

例（1）谓语由状中关系短语"不晚"充当，状语是否定副词；例（2）谓语由状中关系短语"比和你在一起的时间快乐"充当，状语是比较结构。

2. 动词性成分

时间类周遍句的谓语可以由单个动词和动词性短语充当。

单个动词可以充当句子谓语，只有能愿动词，最常见的能愿动词包括"可以"等。例如：

你可以经常来看我，什么时候都可以。

例句中谓语由能愿动词"可以"充当。

动词性短语包括状中关系短语、动宾关系短语等，状中关系短语的状语由比较结构充当，动宾关系短语的动词主要是"比"、存现动词"有"和判断动词"是"。例如：

（1）什么时候也比不上小时候的时光有意思。

（2）什么时候都比不上上个世纪八十年代，那是一段辉煌的时光。

（3）灭鼠嘛，什么时候都没有关系。

（4）修学正法，依正法而行，什么时候都是吉日良辰，大王最好即刻就起驾动身吧。

例（1）谓语状中关系短语"比不上小时候的时光有意思"充当，状语是比较结构；例（2）谓语由动宾关系短语"比不上上个世纪八十年代"充当，动词是"比"；例（3）谓语由动宾关系短语"没有关系"充当，动词是存现动词"有"；例（4）谓语由动宾关系短语"是吉日良辰"充当，动词是判断动词"是"。

二、语义内容

（一）句式的语义特点

周遍句构式的意义是周遍义，表示不管条件是任何事件所涉及的某种要素，结果都是具有某种性质、处于某个状态、具有其他谓语表示的结果意义，所以时间类周遍句表示不管条件是任何时间，结果都是具有某种性质、处于某种状态、具有其他谓语表示的结果意义。例如：

（1）为了学点见识，什么时候都是好的。

（2）好好学习，什么时候都可以。

例（1）表示不管是任何时间，结果都是具有性质"好"；例（2）表示不管条件是任何时候，结果都是"可以"。

(二) 时间类疑问代词（词组）

时间类周遍句主语的疑问代词（词组）表示任意时间，具有任指性，语义特征是有定的，属于全量表达，可以是有限的，也可以是无限的。例如：

(1) 假期我每天都很闲，来找我玩吧，什么时候都行。

(2) 何时都好，只要你改邪归正。

例（1）、例（2）"什么时候""何时"都表示任何时间，都是有定的、全量表达。例（1）"什么时候"指的是"假期"的任何时间，属于有限任指；例（2）没有指称范围的限制，"何时"指任何时间，属于无限任指。

综上所述，周遍句中时间类疑问代词（词组）的语义内容表示任意时间，语义属性是有定、有限或无限、全量。

(三) 副词

"都"的意义是从总括全部对象的意义中延伸出的，有和"不论、无论、不管"搭配的用法，表示强调。"也"的意义是"表示无论假设成立与否，后果都相同"。例如：

(1) 我会去看你，什么时候都可能。

(2) 什么时候也没有在乡下的时间快乐。

例（1）使用了副词"都"，表示无论任何时间，结果都是"可能"；例（2）使用了副词"也"，表示无论任何时间，结果都一样是"没有在乡下的时间快乐"。

(四) 谓语

时间类周遍句的谓语可以由形容词性成分或动词性成分充当。形容词性成分表示事物属性，由于周遍句具有主观性，所以形容词性成分充当谓语的周遍句表示说话人主观认定事物的性质，带有虚拟属性。动词性成分可以是单个动词，也可以是动词性短语，单个动词只能是能愿动词，表示说话人对动作情况的判断、期望等，意义带有虚拟属性，动词性短语包括状中关系短语、动宾关系短语，主要动词是"比"、判断动词"是"等带有描述意义的动词，具有虚拟属性。

综上所述，时间类周遍句的谓语意义是虚拟的。

当时间类周遍句谓语表示虚拟意义时，句子是对未发生、想象、假设等虚拟事实情况进行描写，具有较强主观性。虚拟意义类谓语可以由形容词性成分或动词性成分充当。

形容词性成分的谓语表示性质判断，具有虚拟意义。例如：

（1）尽早独立，什么时候都好。

（2）什么时候都挺合适。

例（1）谓语由形容词"好"充当，表示属性判断；例（2）谓语由状中关系短语"挺合适"充当，表示说话人对时间性质的判定。

句子谓语由动词性成分充当，表示虚拟意义，是对事物属性的判断，说话人对于动作进行情况的判断、期望等主观内容的表达。例如：

（1）我可以去，何时都可以。

（2）什么时候也比不上那段时间有意义。

（3）只要关系好，什么时候都是合适的时间。

例（1）谓语由能愿动词"可以"充当，表示说话人的主观判断；例（2）谓语由状中关系短语"比不上那段时间有意义"充当，表示说话人对时间的性质判断；例（3）谓语由动宾关系短语"是合适的时间"充当，表示属性判断，具有虚拟性。

（五）语义关系

时间类疑问代词（词组）的语义角色及句式的主谓关系类型只有一种：

时间类疑问代词（词组）做主事。句子主谓之间语义关系是性质、状态、变化性事件的主体和性质、状态、变化状态之间的关系。例如：

随时来都欢迎，什么时候都可以。

例句中"什么时候"是性质"可以"的主体。

（六）构式的语义压制

时间类周遍句是一个紧缩构式。一方面，构式存在着句法准入条件，句法结构必须表示性质、状态、结果意义才能充当谓语；另一方面，构式存在着压制现象，进入构式充当谓语的句法成分会被压制成表示性质、状态、结果意义。

首先，充当时间类周遍句谓语的句法成分都具有性质、状态、结果意义。

形容词性成分的意义是事物的属性或状态，是一种结果，因此，一般都可以充当句子谓语。动词性成分必须体现出性质、状态、结果意义。例如：

（1）只要你来就行，什么时候都好。

（2）什么时候也没有刚开始时感觉好。

例（1）谓语由形容词"好"充当，表示属性判定；例（2）谓语由状中关系短语"没有开始时候感觉好"充当，表示说话人的主观判断。

其次，当句法成分进入构式后，被构式压制成表示状态、性质、结果意义。例如：

我就喜欢躺着,什么时候也比不上躺着的日子。

例句中谓语由动宾关系短语"比不上躺着的日子"充当,本来表示比较的意义,进入构式后,表示具有某种性质。

三、语用功能

(一) 句式的表达功能

由于时间类周遍句的谓语只能表示虚拟意义,所以,时间类周遍句只能用于演绎论断,偏向于主观。周遍句的使用可以有效增强说话人主观态度的表达效果。例如:

放下屠刀,立地成佛,何时都可以。

例句中表示说话人对事实情况的主观判断,凸显说话人的积极情绪。

(二) 句式主观性分析

时间类周遍句带有主观性,主要由两个因素促成:①时间类疑问代词(词组)表示任何时间,带有假设意义,谓语表示结果,假设属于虚拟意义;②时间类疑问代词(词组)带有任指意义,属于绝对化表达,这种夸张化处理,带有强烈主观性。例如:

浪子回头,什么时候都是好的。

例句中"什么时候"表示任何时间,结果都"是好的",这种假设关系带有主观性,"什么时候"表示任指意义,是人为夸大的结果,都表现出主观性。

时间类周遍句既可以进行客观事实描写,也可以进行主观情绪表达,大部分的时间类周遍句都是在叙事描写类和演绎论断类的连续统中分布的,不同语用功能的句子主观性强度也不相同。在时间类周遍句中，疑问代词（词组）可以是有限指称，也可以是无限指称，有限指称的周遍句由于带有指称意义，主观性弱一点，所以有限的时间类周遍句的主观性弱于无限的时间类周遍句。综上所述，时间类周遍句主观性强度的连续统如下：

客观性最强　　有限的时间类（虚拟意义类）

⬇

主观性最强　　无限的时间类（虚拟意义类）

不同类型的时间类周遍句主观性也不相同，例如：

（1）一天那么多时间，什么时候都可以，随时欢迎。

（2）只要你改了，我们欢迎你回来，什么时候都行。

例（1）"什么时候"指"一天"内的任何时间，有指称范围限制，属于有限的时间类周遍句；例（2）"什么时候"指任何时间，没有指称范围限制，是无限的时间类周遍句，比较来看，例（2）的主观性强于例（1）。

（三）语用效果分析

时间类周遍句语用效果表达的机制是对比和夸张。首先，通过条件分句和结果分句的对比，凸显谓语部分的意义内容；其次，以夸张化手段处理条件部分，反衬谓语的意义内容，引起听话人的重视和注意，表达出语句内容的重要性和紧迫性，达到移情的语用效果，以实现语用目的和交际意图。例如：

我就愿意跟委拉黛安一起坐在走廊上，什么时候都行。

例句中通过"什么时候"表示的时间条件意义，来凸显谓语的性质"行",并且,通过"什么时候"的任指意义,人为夸张将条件定义成绝对化,反衬出谓语结果"行",引起说话人的注意和重视,凸显说话人的积极意愿。

从系统整体性的角度看,时间类疑问代词表示绝对化指称,经过副词"都""也"的约束,来表达说话人的语用意图。例如:

(1) 从明天开始,什么时候都行。

(2) 哎呀,你别来了,什么时候也不合适。

例(1)使用副词"都"总括疑问代词表示的任何时间,表达说话人要求的肯定性;例(2)使用副词"也"类指任何时间,凸显说话人拒绝的态度。

从构造和意义的角度看,句式缩减以后,可以额外添加其他句法成分,表达更加丰富的意义和情感。例如:

(1) 虽然什么时候都可以,但是,还是尽量在白天过来吧。

(2) *虽然不管什么时候都可以,但是,还是尽量在白天过来吧。

例(1)周遍句带有无条件意义,没有连词,可以添加连词"虽然"来表示额外的转折意义;例(2)带有连词,不能额外添加其他连词"虽然"。

从语言系统和现实的角度看,句式形式的缩减能够有效地增强说话人的语气、语势,凸显语义内容的主观性,更好地表达说话人的主观情绪。例如:

(1) 责任到人,不管是什么时候,都是好的。

(2) 责任到人,什么时候都是好的。

例(1)是带有连词的复句形式,句法形式完整、复杂,语气委婉;例(2)是单句形式的周遍句,句法形式经过缩减到最简洁的形式，语气上更直接、强烈。

（四）句式组件的语用功能

1. 时间类疑问代词（词组）

时间类疑问代词的语用功能是通过指称，为句子提供有定主语条件对象，和谓语意义相照应，构成陈述和被陈述的关系。例如：

你来上班吧，什么时候都可以。

例句中"什么时候"指任何时间，是句子的有定主语条件对象，和谓语意义相照应。

2. 副词

时间类周遍句中的副词凸显了不同语气，"都"表示强调语气，"也"表示委婉转折语气。例如：

（1）你尽快离开吧，什么时候都可以，只要你走就行。

（2）什么时候也比不上记忆中的日子快乐。

例（1）"都"表示不管条件是任何时间，强调结果都是"可以"；例（2）"也"表示委婉语气，表示条件和结果"比不上记忆中的日子快乐"的转折关系。

3. 谓语

汉语属于信息尾重型语言，时间类周遍句是典型的信息尾重型句式，谓语部分是句子的语义重心和语用焦点。例如：

其实一个人只要意识到自己的不足去努力，什么时候都行。

例句中"什么时候"轻读，"行"是句子的语用焦点，是说话人想要凸显的语义内容。

第二节　指数量的疑问代词类周遍性主语句

指数量的疑问代词类周遍性主语句指主语由表示数量意义的疑问代词（词组）充当，搭配副词"都/也"和谓语构成表示周遍义的句子，由于现代汉语中询问数量大多使用"多少"和"几"加量词，所以研究的疑问代词类周遍性主语句以"多少"和"几"加量词类为主，"个"是现代汉语中最常用的量词，我们以"几个"为典型。综上所述，本小节研究的数量类周遍句主要是"多少"类和"几个"类周遍句。例如：

（1）他带着大口袋，多少都装得下。

（2）马路对面的春天宾馆，条件不错，你们家的人都能住得下，几个也行。

例（1）主语是"多少"，使用副词"都"，例（2）主语是"几个"，使用副词"也"，例（1）、例（2）都表示周遍意义。

此外，"多少"发展出了偏指意义，表示程度上量小，意义偏向指"少"，周遍句中疑问代词表示的任指意义属于全指，所以表示偏指的"多少"不在研究范围内。

（1）这么多货呢，多少也买点。

（2）我的胃口很大，多少都吃得下。

例（1）"多少"是偏指，意义偏向于"少"，表示少量货物，不属于本小节研究范围；例（2）"多少"是全指，表示任何数量的食物，属于本小节研究范围。

第六章 指时间和指数量的疑问代词类周遍性主语句

下面将从句法、语义、语用三个方面出发，对数量类周遍句进行描述和探讨。

一、句法结构

（一）句式的句法结构

数量类周遍句的句法结构是："数量类疑问代词（词组）+都/也+谓语"，疑问代词（词组）和副词"都/也"是固定的，谓语是变项，句式既有肯定形式，也有否定形式。例如：

（1）多少都行。

（2）多少都不满足。

（3）几个也好，只要你带来点就行。

（4）质量这么差，几个也不行。

例（1）、例（2）、例（3）、例（4）中主语都是表示数量的疑问代词（词组），都属于数量类周遍句，疑问代词（词组）和副词是固定的，谓语是变化的。例（1）、例（2）使用副词"都"，例（1）是肯定形式，例（2）是否定形式；例（3）、例（4）使用副词"也"，例（3）是肯定形式，例（4）是否定形式。

（二）数量类疑问代词（词组）

数量类疑问代词（词组）位于句首，是句子的主语，疑问代词放置在句子末尾，是汉语的一种正常现象，位于句首是疑问代词非疑问用法的显性句法标志。例如：

（1）我有钱，几个都买得起。

（2）我这个口袋很大，多少都装得下。

例（1）疑问代词"几个"是句子的主语；例（2）疑问代词词组

219

"多少"是句子主语。

（三）副词

数量类周遍句使用的副词有两个："都"和"也"。"都"在肯定形式中占优势，"也"在否定形式中占优势。例如：

（1）多少都在你手上，你只要别扣他家的10万就好。

（2）这是一种新型产品，厂家还没拿到货，几个都没试过。

（3）几个也行，不拘你拿来多少。

（4）质量不好，几个也不要。

例（1）、例（2）使用了副词"都"，例（1）是肯定形式，例（3）是否定形式；例（3）、例（4）使用了副词"也"，例（3）是肯定形式，例（4）是否定形式。

（四）谓语

数量类周遍句的谓语可以由形容词性成分或动词性成分充当。

1. 形容词性成分

数量类周遍句谓语可以由形容词或形容词性短语充当。

形容词可以充当句子谓语，既可以是性质形容词，也可以是状态形容词，最常见的是"好"。例如：

（1）只要将那些东西，一块也好，多少也好，统统收进来就行。

（2）果园好久没浇水了，果树都蔫了，几个都干巴巴的。

例（1）谓语由形容词"好"构成；例（2）谓语由状态形容词"干巴巴的"构成。

形容词性短语可以充当谓语，主要是状中关系短语，状语由副词构成。例如：

多少都挺好，没有限制。

例句中谓语由状中关系短语"挺好"构成，状语是副词。

2. 动词性成分

数量类周遍句谓语可以由单个动词或动词性短语充当。

单个动词充当谓语，主要是能愿动词和存现动词，最常见的能愿动词是"可以"，常见的存现动词是"有"。例如：

（1）你可以从中挑选喜欢的女人，一个不够，几个也可以。

（2）扫把的话，多少都有，你想要几个都行。

例（1）谓语由能愿动词"可以"充当；例（2）谓语由存现动词"有"充当。

动词性短语主要包括动补关系短语、动宾关系短语、状中关系短语，最常见的是情态助词充当状语的状中关系短语。例如：

（1）我力气大，多少都拿得走。

（2）我不贪图你的钱，多少都是你的。

（3）你想怎么买都行，多少都看你。

（4）今天是送货的最后期限，仓库里的货一定要清空，多少也必须送出去。

（5）这片区域的植物都没毒，几个都可以吃。

例（1）谓语由动补关系短语"拿得走"充当，补语是可能补语；例（2）谓语由动宾关系短语"是你的"充当，动词是判断动词；例（3）谓语由动宾关系短语"看你"充当，动词是动作动词；例（4）谓语由状中关系短语"必须送出去"充当，状语是情态助词；例（5）谓语由状中关系短语"可以吃"充当，状语是情态助词。

二、语义内容

（一）句式的语义特点

周遍句构式的意义是周遍义，表示不管条件是任何认定事件所涉及的某种要素，结果都是具有某种性质、处于某个状态、具有其他谓语表示的结果意义。数量类疑问代词（词组）指代任何数量的物品，所以数量类周遍句表示不管条件是任何数量的物品，结果都是具有某种性质、处于某种状态、其他谓语表示的结果意义。例如：

人有缺点很正常，一个两个，几个都可以。

例句中表示不管条件是任何数量的"缺点"，结果都是"可以"。

（二）数量类疑问代词（词组）

数量类疑问代词（词组）指代任何数量的物品，是有定的，属于全量表达。数量类疑问代词（词组）具有替代性质，所以必须是有限的。例如：

他的办公室电话，几个都打过了。

例句中"几个"指代任何数量的"办公室电话"，是有定的、有限的全量表达。

综上所述，数量类疑问代词（词组）的语义内容是表示任何数目的事物，语义属性是有定、有限、全量。

（三）副词

"都"的意义是从总括全部对象的意义中延伸出的，有和"不论、无论、不管"搭配的用法，表示强调。"也"的意义是"表示无论假设成立与否，后果都相同"。例如：

（1）多少都行。

(2) 也许还不只是一个，几个也可能有。

例（1）使用副词"都"，表示不管条件是任何数目，结果都有性质"行"；例（2）使用副词"也"，表示无论任何数目，结果都一样是"可能有"。

（四）谓语

数量类周遍句的谓语可以由形容词性成分或动词性成分充当。形容词性成分表示事物属性，由于周遍句具有主观性，所以形容词性成分充当谓语的周遍句表示说话人主观认定事物的性质，带有虚拟属性。动词性成分可以是单个动词，也可以是动词性短语，单个动词只能是能愿动词，表示说话人对动作情况的判断、期望等，带有虚拟属性，动词性短语包括动补关系短语、动宾关系短语、状中关系短语，需要根据具体动词的意义和时态来判断其属性。

综上所述，数量类周遍句的谓语意义既可以是现实的，也可以是虚拟的。

当句子谓语表示现实意义时，句子是对现实事实、情况的描写和说明，具有客观性，现实意义类谓语只能由动词性成分充当，表示过去或现在发生的动作、行为。例如：

办公室就那么点人，几个都在集体看时间规划局，不干活。

例句中谓语由状中关系短语"在集体看时间规划局"充当，描述的是一种现实情况，具有客观性。

当谓语表示虚拟意义时，句子是对未发生、想象、假设等虚拟事实情况进行描写，或是说话人对事件性质的判断，具有较强的主观性。虚拟意义类谓语可以由形容词性成分或动词性成分充当，表示对事物属性的判断，未实际发生的动作、行为的描述，或是说话人对于动作进行情况的判断、期望。例如：

（1）多少都好，看你选择。

（2）这么大的口袋，多少都可以装得下。

例（1）谓语由形容词"好"充当，表示性质判定；例（2）谓语由状中关系短语"可以装得下"充当，表示说话人对事物的主观推测。

（五）语义关系

数量类周遍句中数量类疑问代词（词组）的语义角色及句式的主谓关系类型主要有以下三种：

第一种，数量类疑问代词（词组）做主事。句子主谓之间语义关系是性质、状态/变化性事件的主体和性质、状态/变化状态之间的关系。例如：

你们先订点管，多少都行。

例句中"多少"是"行"的主体。

第二种，数量类疑问代词（词组）做受事。句子主谓之间的语义关系是动作对象和动作的关系。

饿得不行了，要是有馒头，多少都吃得下。

例句中"多少"是"吃"的受事。

第三种，数量类疑问代词（词组）做施事。句子主谓之间的语义关系是动作发出者和动作的关系。

办公室这些人，几个都在玩手机。

例句中"几个"是动作"玩手机"的发出者。

（六）构式的语义压制

数量类周遍句是一个紧缩构式。一方面，构式存在着句法准入条件，句法结构必须表示性质、状态、结果意义才能充当谓语；另一方面,构式存在着压制现象,进入构式充当谓语被压制成表示性质、状态、结果意义。

首先,充当数量类周遍句谓语的句法成分都具有性质、状态、结果意义。

形容词性成分的意义是事物的属性或状态,是一种结果,因此,一般都可以充当句子谓语。动词性成分必须体现出性质、状态、结果意义。例如:

(1) 一块也好,多少也好。

(2) 几个都吃完了,没剩下。

例(1)形容词"好"可以表示指称对象性质;例(2)谓语由动补关系短语"吃完了"充当,表示动作进行的结果。

其次,句法成分进入构式后,被构式压制成表示性质、状态、结果意义。例如:

容器的话,多少都有。

例句中谓语"有"表示存在,进入构式后,其意义被压制成表示处于存在的状态。

三、语用功能

(一)句式的表达功能

数量类周遍句的语用功能可以进行叙事描写,也可以进行演绎论断。

数量类周遍句可以用于叙事描写,主要是概括性说明、总结性描写,偏向于客观,谓语由表示现实意义的句法成分充当。例如:

几个都检查了,没有遗漏的仓库。

例句中说话人使用周遍句对现实情况进行总结，偏向于客观性描写。

数量类周遍句可以用于演绎论断，表达说话人的情绪或意愿，偏向于主观，谓语由表示虚拟意义的句法成分充当。例如：

你随便拿，多少都可以。

例句中表达的内容是说话人许可的态度，周遍句能够有效增强说话人的语气、语势。

（二）句式主观性分析

数量类周遍句具有主观性，主要是两个因素促成：①条件和结果的认定关系是主观的，这种条件和结果的语义链关系是说话人自我认定的结果；②绝对化情况的内容，数量类疑问代词（词组）表示任何数量，属于绝对化情况，现实世界不存在绝对化的极端情况，属于人为夸张化处理，带有主观性。例如：

我力气很大，多少都搬得走。

例句中表达的是任何数量，结果都是"搬得走"，是说话人主观估计的情况，体现出主观性，并且说话人夸张化地扩大数量范围到所有，表明一种绝对、完全的极端情况，也体现了主观性。

数量类周遍句既可以进行客观事实描写，也可以进行主观情绪表达，大部分的数量类周遍句都是在叙事描写类和演绎论断类的连续统中分布的，不同语用功能的句子主观性强度也不相同。在数量类周遍句中，谓语表示现实意义的句子主观性弱于谓语表示虚拟意义的句子。综上所述，数量类周遍句主观性强度的连续统如下：

客观性最强　　有限的数量类（现实意义类）

⬇

主观性最强　　有限的数量类（虚拟意义类）

不同类型的数量类周遍句主观性强度不相同，例如：

（1）厂子里就十多个人，几个都偷过东西，没有清白的。

（2）这个产品销量好，多少也可以卖得出去。

例（1）谓语"偷过东西"表示已经发生的事实，是现实意义类；例（2）谓语"可以卖得出去"表示说话人的主观判断，是虚拟意义类，相比较而言，例（2）比例（1）的主观性更强一些。

（三）语用效果分析

数量类周遍句语用效果表达的机制是对比和夸张。首先，通过数量类疑问代词（词组）表示的假设条件和谓语表示的结果意义对比，凸显谓语的意义内容；其次，以夸张化手段处理条件部分，反衬谓语的意义内容，引起听话人的重视和注意，表达出语句内容的重要性和紧迫性，达到移情的语用效果，以实现语用目的和交际意图。例如：

几个都试过了，就是找不到合适的。

例句中表示任何数量的物品都是"试过了"的状态，条件和结果对比凸显谓语状态结果，夸张化处理表达出说话人急切的情绪。

从系统整体性的角度看，数量类疑问代词表示绝对化指称，经过副词"都""也"的约束，来表达说话人的语用意图。例如：

（1）经典的电影就那么多，几个都是看了几遍的。

（2）我们局里的困难，多少也必须靠自己的智慧去想办法解决如何。

例（1）"都"总括所有数量的"电影"，表示处于状态"看了几遍的"；例（2）"也"类指任何数量的"困难"，表示说话人克服困难的决心。

从构造和意义的角度看，句式缩减以后，可以额外添加其他句法成分，表达更加丰富的意义和情感。例如：

（1）如果几个都行，那还是多拿点吧。

（2）*如果不管几个都行，那还是多拿点吧。

例（1）周遍句带有无条件意义，没有连词，能够使用连词"如果"，来表示额外的假设意义；例（2）带有连词，不能添加额外的连词"如果"。

从语言系统和现实的角度看，句式形式的缩减能够有效地增强说话人的语气、语势，凸显语义内容的主观性，更好地表达说话人的主观情绪。例如：

（1）你去买吧，不管是多少，都行。

（2）你去买吧，多少都行。

例（1）是意义完整的复句形式，句法形式完整、复杂，语气委婉；例（2）是单句形式的周遍句，句法形式经过缩减到最简，语气更直接、强烈。

（四）句式组件的语用功能

1. 数量类疑问代词（词组）

在数量类周遍句中，数量类疑问代词（词组）的语用功能为句子提供有定主语条件对象，和谓语意义相照应，构成陈述和被陈述的关系。例如：

仓库物品都盘点了，多少都算过了。

例句中"多少"指代任何数量的"物品",是句子的有定主语条件对象,和谓语意义相对应。

2. 副词

数量类周遍句中的副词凸显了不同语气,"都"表示强调语气,"也"表示委婉转折语气。例如:

(1) 我连续打了很多电话过去,几个都没人接听。

(2) 这里的金子不许动,多少也不行。

例(1)"都"表示强调,强调谓语表示的结果"没人接听";例(2)"也"表示委婉语气,表达条件任何数量的"金子"和结果"不行"之间的转折关系。

3. 谓语

汉语属于信息尾重型语言,数量类周遍句也是典型的信息尾重型句式,谓语部分是句子的语义重心和语用焦点。例如:

我们不用看材料数量,多少都行,我们都买。

例句中"多少"轻读,"行"是句子的语用焦点,是说话人想要凸显的语义内容。

结　语

　　现代汉语疑问代词类周遍性主语句作为一个常用的特殊句式，一直是学者们研究的热点，以往的研究从句式的整体性出发进行探讨的比较少，多数集中在"什么"类和"谁"类周遍句，对其他类型的周遍句研究偏少。

　　本书以整体性的视角，依靠三个平面理论、构式理论等研究理论和方法，重新定义疑问代词类周遍性主语句的性质、范围和分类，并对所有类型的疑问代词类周遍性主语句展开细致的描写和分析。

　　我们在疑问代词类周遍句历时研究的基础上，结合周遍句的句式特点，提出疑问代词类周遍性主语句是由条件复句紧缩而成的构式，属于紧缩构式。在综合考察所有疑问代词后，确定现代汉语疑问代词类周遍性主语句的范围是以下疑问代词引导的周遍句："谁""什么人""哪个""什么""怎么""怎么样""多少""几（个）""哪儿""哪里""什么地方""多会""何时""多偺（多咱）""什么时候""什么时间"。从宏观意义角度可以将句式分成：指人物类、指事物类、指情状类、指数量类、指处所类和指时间类等六个大类。根据疑问代词的虚化程度，又可以将语法化程度较高的指人物类、指事物类、指地点类、指情状类周遍句进行微观分类，分成三类：第一类，虚化程度低，表示基础语义内容的词汇成分型疑问代词类周遍句；第二类，虚化程度中等，表示扩展的、泛化指称内容的隐喻意义型疑问代词类周遍句；第三类，虚化程度高，指称意义虚化，凸显任指意义来表示主观性内容的任指意义型疑问代词类周遍句。语法化程度不高的时间类和数量类周遍句不能进行微观分类。

基于以上关于疑问代词类周遍性主语句性质、范围及分类的探讨，我们以三个平面理论为基础，对六个大类的周遍句进行了细致的描写和分析。句法层面主要探讨了句式的句法结构、疑问代词的句法特点、副词的句法特点和谓语的句法特点等内容；语义层面主要分析了句式意义、疑问代词意义、副词意义、谓语的意义类型、句式的语义关系及构式的语义压制情况等内容；语用层面主要讨论了句式的表达功能、句式的主观性分析、语用效果分析、疑问代词的语用功能、副词的语用功能、谓语的语用分析等内容。

在句法方面，疑问代词类周遍性主语句的句法结构都是："疑问代词+都/也+谓语"，句式既有肯定形式，也有否定形式，疑问代词和副词部分是固定的，谓语部分是变项。疑问代词在句子中都是主语。疑问代词类周遍句使用的副词有两个："都""也"。"都"在肯定形式中占优势，"也"在否定形式中占优势。谓语一般是由形容词性成分或动词性成分充当。性质形容词和状态形容词一般都可以充当谓语。单个动词或动词性短语可以充当句子谓语，最常见的单个动词是能愿动词、存现动词"有"，动词性短语类型包括状中关系短语、动宾关系短语和动补关系短语等。其中最常见的类型是情态助词充当状语的状中关系短语。

在语义方面，句式的意义都是周遍义，表示不管条件是事件所涉及的任何要素，结果都是具有某种性质、处于某种状态、具有其他谓语表示的结果意义，来凸显说话人的情绪、意愿等主观性内容。根据疑问代词的意义不同，周遍义里条件部分相应变化。疑问代词表示任指意义，都属于有定的、全量表达，可能是有限或无限的。副词部分，"都"的意义是总括全部对象的意义延伸，有和"不论、无论、不管"搭配的用法，表示强调；"也"的意义是"表示无论假设成立与否，后果都相同"。根据意义类型不同，谓语可以是表示现实意义的或虚拟意义的。根据语义内容不同，疑问代词可以充当不同的语义角色，一般都可以充当主事。疑问代词类周遍性主语句是一个构式，充当句子谓语的句法成分必须表示性质、状态、结果意义，反过来，一个句法成分进入构式之后，被构式压制成表示性质、状态、结果意义。

在语用方面，句式的表达功能有两种：对事件进行叙事描写，对事实进行演绎论断。叙事描写类周遍句谓语都是由表示现实意义的动词性成分充当，演绎论断类周遍句谓语是由表示虚拟意义的形容词性成分或动词性成分充当。句式都有较强的主观性，主要由两个因素促成：①条件部分的疑问代词和结果部分的谓语之间关系认定，属于说话人主观判断的；②条件部分的疑问代词是全指意义，表示没有例外的绝对情况，属于人为夸张，带有主观性。大部分疑问代词类周遍句主观性都在现实意义和虚拟意义的连续统中分布。疑问代词类周遍句依靠对比和夸张来凸显语用效果，句式缩减可以添加额外的连词表示丰富的语义内容，能有效地增强说话人的语气、语势。疑问代词的语用功能是通过指代，为句子提供有定主语条件对象，和谓语意义相对应，构成陈述和被陈述的关系。副词的语用功能是凸显不同语气，"都"表示强调语气，"也"表示委婉转折语气；谓语部分的内容是句子的语义重心和语用焦点。

不同类别的疑问代词类周遍句存在着不同的特点。事物类和人物类周遍句的用例最多，语法化程度最深，充当谓语的句法成分类型最多，疑问代词的语义角色最多，句子主谓之间的语义关系类型最丰富，语用功能也是最全面的；地点类和情状类周遍句的用例数量一般，语法化程度等都表现一般；时间类和数量类周遍句的用例最少，疑问代词没有产生语法化差别，充当谓语的句法成分类型极少，语义角色和句子主谓的语义关系类型最少，语用功能最少。

在同一类周遍句内部，可以用相应的形式标准区分不同类型的周遍句。三个类型的周遍句在句法、语义、语用等方面表现出差异性：第一类，词汇成分型疑问代词虚化程度低，表示最基本的语义内容，属于原型语义范畴，体现指称功能，客观性强，用例较多。句法方面，对句子谓语的句法要求最低，充当句子谓语的句法成分类型最丰富、数量最多，一些边缘性句法成分只能在词汇成分型周遍句中充当谓语，谓语以动词性成分居多；语义方面，疑问代词充当的语义角色、句子主谓之间的语义关系类型最丰富，谓语意义偏向于现实的；语用方面，句式客观性强，主观性弱，语用功能偏向于叙事描写。

第二类，隐喻意义型疑问代词虚化程度一般，表示在原型语义范畴基础上生成的隐喻意义，属于次边缘语义范畴。句法方面，对句子谓语的句法要求一般；语义方面，疑问代词充当的语义角色、句子主谓之间的语义关系类型数量一般，谓语意义兼具现实的和虚拟的；语用方面，语用功能介于叙事描写和演绎论断之间。

第三类，任指意义型疑问代词虚化程度高，指称意义弱化，凸显任指性以表示说话人的主观情绪，属于边缘语义范畴，主观性强，用例较少。在句法方面，对句子谓语的句法要求最高，充当句子谓语的句法成分类型最少、数量最少,谓语以形容词性成分居多;在语义方面,疑问代词充当的语义角色、句子主谓之间的语义关系类型最少,谓语意义偏向于虚拟的;在语用方面,句式主观性强,客观性弱,语用功能偏向于演绎论断。

参考文献

一、中文文献

（一）专著

[1] 丁声树，等. 现代汉语语法讲话 [M]. 北京：商务印书馆，1961.

[2] 范晓. 三个平面的语法观 [M]. 北京：北京语言文化大学出版社，1996.

[3] 高名凯. 汉语语法论 [M]. 上海：开明书店，1948.

[4] 钱乃荣. 现代汉语 [M]. 北京：高等教育出版社，1990.

[5] 贾彦德. 汉语语义学 [M]. 北京：北京大学出版社，1992.

[6] 黎锦熙. 新著国语文法 [M]. 北京：商务印书馆，1924.

[7] 林杏光. 词汇语义和计算语言学 [M]. 北京：语文出版社，1999.

[8] 林祥楣. 代词 [M]. 上海：上海教育出版社，1958.

[9] 刘月华. 实用现代汉语语法 [M]. 北京：外语教学与研究出版社，1983.

[10] 吕叔湘. 近代汉语指代词 [M]. 上海：学林出版社，1985.

[11] 吕叔湘. 中国文法要略 [M]. 北京：商务印书馆，1944.

[12] 吕叔湘. 汉语语法分析问题 [M]. 北京：商务印书馆，1979.

[13] 马建忠. 马氏文通 [M]. 上海：商务印书馆，1898.

[14] 马真. 简明实用汉语语法教程 [M]. 北京：北京大学出版社，1997.

[15] 施春宏. 形式和意义互动的句式系统研究：互动构式语法探索 [M]. 北京：商务印书馆，2018.

[16] 石毓智. 肯定和否定的对称与不对称（增订本）[M]. 北京：北京语言文化大学出版社，2001.

[17] 石毓智. 语法的形式和理据 [M]. 南昌：江西教育出版社，2001.

[18] 索绪尔，等. 普通语言学教程 [M]. 高明凯，译. 北京：商务印书馆，1980.

[19] 汤廷池. 语言学与语文教学 [M]. 台北：学生书局，1993.

[20] 王力. 中国现代语法 [M]. 北京：商务印书馆，1943.

[21] 王力. 中国语法理论 [M]. 北京：中华书局，1954.

[22] 邢福义. 汉语语法学 [M]. 长春：东北师范大学出版社，1996.

[23] 赵元任. 汉语口语语法 [M]. 吕叔湘，译. 北京：商务印书馆，1979.

[24] 朱德熙. 语法讲义 [M]. 北京：商务印书馆，1982.

(二) 期刊

[1] 巴丹，张谊生."都"与"也"在任指句中的异同[J]. 广西师范大学学报（哲学社会科学版），2012，48（4）.

[2] 贝罗贝，吴福祥. 上古汉语疑问代词的发展与演变[J]. 中国语文，2000（4）.

[3] 曹秀玲."一（量）名"主语句的语义和语用分析[J]. 汉语学报，2005（2）.

[4] 陈昌来. 说"这个人谁都不相信"这类歧义句[J]. 烟台师范学院学报（哲学社会科学版），1988（1）.

[5] 陈平. 试论汉语中三种句子成分与语义成分的配位原则[J]. 中国语文，1994（3）.

[6] 董正存. 表达周遍的"是 X 是 Y"格式[J]. 殷都学刊，2010，31（4）.

[7] 董正存. 无条件构式的省缩及其句法-语用后果[J]. 中国语文，2013（4）.

[8] 段朝霞. 含有疑问代词的遍指句[J]. 新乡师范高等专科学校学报，1999（1）.

[9] 范晓，朱晓亚. 论句模研究的方法[J]. 徐州师范大学学报（哲学社会科学版），1999（4）.

[10] 方梅. 从话语功能看所谓"无定 NP 主语句"[J]. 世界汉语教学，2019，33（2）.

[11] 冯春田. 汉语疑问代词演变的特殊规则[J]. 文史哲，2009（5）.

[12] 高顺全. 施事后周遍性受事的句法性质——兼论"前置宾

语"[J]. 解放军外语学院学报, 1995 (4).

[13] 皇甫素飞. 紧缩构式的界定及其句法结构分析 [J]. 浙江工商大学学报, 2014 (5).

[14] 皇甫素飞. 论紧缩构式的性质及其形式语义特征 [J]. 求索, 2014 (8).

[15] 陆俭明. 周遍性主语句及其他 [J]. 中国语文, 1986 (3).

[16] 鹿钦佞. 疑问代词"什么"的非疑问用法研究现状与前瞻 [J]. 通化师范学院学报, 2005 (3).

[17] 鹿钦佞. 疑问代词的援引类反诘用法及其历史发展 [J]. 通化师范学院学报, 2011, 32 (5).

[18] 马真. 关于"都/全"所总括的对象的位置 [J]. 汉语学习, 1983 (1).

[19] 杉村博文. 现代汉语"疑问代词+也/都……"结构的语义分析 [J]. 世界汉语教学, 1992 (3).

[20] 邵敬敏, 赵秀凤. "什么"非疑问用法研究 [J]. 语言教学与研究, 1989 (1).

[21] 施春宏. 从构式压制看语法和修辞的互动关系 [J]. 当代修辞学, 2012 (1).

[22] 唐燕玲, 石毓智. 语法结构与功能衍生：形成英汉疑问代词衍生用法异同的原因 [J]. 外语教学与研究, 2011, 43 (4).

[23] 徐默凡. 论疑问代词指代用法的重叠 [J]. 语言教学与研究, 2010 (4).

[24] 徐朝红. 20世纪90年代以来"什么"、"怎么"研究述评 [J]. 云梦学刊, 2004 (4).

[25] 袁毓林. 论元角色的层级关系和语义特征 [J]. 世界汉语教学, 2002 (3).

[26] 袁毓林. "都、也"在"Wh+都/也+VP"中的语义贡献 [J]. 语言科学, 2004 (5).

[27] 袁毓林, 刘彬. "什么"句否定意义的形成与识解机制 [J]. 世界汉语教学, 2016, 30 (3).

(三) 学位论文

[1] 巴丹. "都"与"也"在相关构式中的异同 [D]. 上海:上海师范大学, 2011.

[2] 成海燕. 周遍性成分在主语、宾语位置上的分布研究 [D]. 长沙:湖南师范大学, 2008.

[3] 程明. "怎么"和"怎么样"在名词性短语中的句法研究 [D]. 芜湖:安徽师范大学, 2016.

[4] 程倩云. "哪"系疑问代词的用法及来源研究 [D]. 武汉:湖北大学, 2017.

[5] 董正存. 汉语全称量限表达研究 [D]. 天津:南开大学, 2010.

[6] 段弯弯. 基于语义知识库的基本角色范畴句法实现的语义制约研究 [D]. 南京:南京师范大学, 2016.

[7] 房战峰. 汉语受事话题构式研究 [D]. 杭州:浙江大学, 2015.

[8] 韩淑华. 汉语的"什么"与英语的"what" [D]. 延吉:延边大学, 2001.

［9］韩文羽. 现代汉语必然类情态副词研究［D］. 长春：吉林大学，2020.

［10］李邦静. 现代汉语"疑问代词"类周遍性主语句的逻辑语义分析［D］. 成都：四川师范大学，2018.

［11］刘睿研."什么"的否定用法及其使用条件［D］. 长春：吉林大学，2006.

［12］柳雪飞. 疑问代词句的语音与句法接口研究［D］. 北京：中国社会科学院研究生院，2016.

［13］刘雪美. 现代汉语受事主语句及相关问题研究［D］. 上海：上海师范大学，2019.

［14］刘艳. 多功能副词"也"的多角度研究［D］. 杭州：浙江大学，2008.

［15］鹿钦佞. 疑问代词"什么"非疑问用法的历时考察［D］. 延吉：延边大学，2005.

（四）会议

［1］高桥弥守彦."谁也/都……"格式中的若干问题［C］//第三届国际汉语教学讨论会论文选，1990.

二、外文文献

（一）专著

［1］BYBEE J L, PERKINS R D, PAGLINCA W. The Evolution of Grammar：Tense aspect and modality in the Languages of the word［M］. Chicago：The University of Chicago Press，1994.

［2］HASPELMATH M. Indefinite Pronouns ［M］. Oxford: Clarendon, 1997.

［3］GOLDBERG A E. Constructions: A Construction Grammar Approach to Argument Structure ［M］. Chicago: Chicago University Press, 1995.

［4］MITHUN M. The languages of native north America ［M］. Cambridge: Cambridge University Press, 1999.

（二）论文

［1］CHENG L L-S. On the Typology of WH-questions ［D］. MIT, 1991.

［2］HUANG, JAMES C-T. Logical Relations in Chinese and the Theory of Grammar ［D］. MIT, 1982.

（三）期刊

［1］JACKENDOFF R. Toward an Explanatory Semantic Representation ［J］. Linguistic Inquiry, 1976, 7 (1).

后 记

不知不觉我已离开母校进入工作岗位一年有余。在忙碌的适应和调整过程中，不承想能够获得这次将毕业论文出版成书的机会，深感惶恐，自知还有很多不足和有待提高之处。也特别荣幸，感谢光明日报出版社能够赋予我一个机会，来好好总结一下过去，梳理自己的想法和思路，寻找和思考未来努力的方向。

很感谢我的导师禹平教授，从一开始就力排众议给予我读博的机会，彻底改变了我的一生。读博期间，他在学术上以严谨踏实的治学风格教育我，在生活上无微不至地照顾我，为我树立了为人师表的榜样。我的学习和成长同样离不开母校的培养，离不开吉林大学文学院吕老师、岳老师、黄老师等各位师长的鼓励和指导，也特别感谢王林强老师的帮助。

最后，感谢我的父母、我的爱人、我的同学和朋友们，谢谢你们的支持！

谨以此书献给尊敬的柳英绿老师。

张 鑫

2023 年 12 月 14 日